Impressum
Verlag: BABADADA GmbH, Nedderfeld 112 , 22529 Hamburg
Geschäftsführer / Verlagsleitung: Harald Hof
Druck: Books on Demand GmbH, In de Tarpen 42, 22848 Norderstedt

Imprint
Publisher: BABADADA GmbH, Nedderfeld 112 , 22529 Hamburg, Germany
Managing Director / Publishing direction: Harald Hof
Print: Books on Demand GmbH, In de Tarpen 42, 22848 Norderstedt

escuela

σχολείο

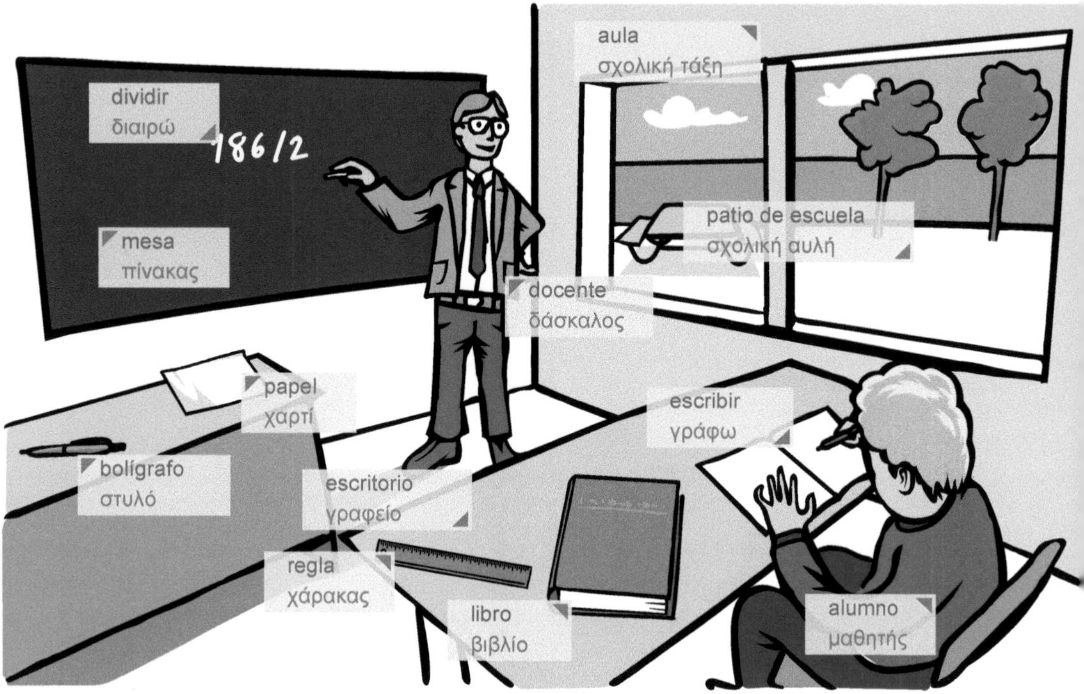

aula
σχολική τάξη
dividir
διαιρώ
186/2
mesa
πίνακας
patio de escuela
σχολική αυλή
docente
δάσκαλος
papel
χαρτί
escribir
γράφω
bolígrafo
στυλό
escritorio
γραφείο
regla
χάρακας
libro
βιβλίο
alumno
μαθητής

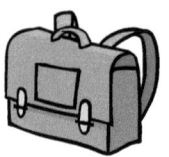

mochila escolar

σχολική τσάντα

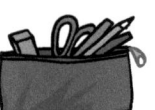

caja de lápices

κασετίνα/ μολυβοθήκη

lápiz

μολύβι

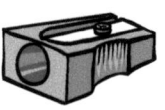

sacapuntas

ξύστρα

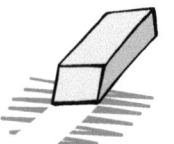

goma de borrar

γόμα

bloc de dibujo

μπλοκ ζωγραφικής

dibujo

ζωγραφική

pincel

πινέλο

caja de pinturas

κουτί χρωμάτων

tijera

ψαλίδι

pegamento

κόλλα

libro de ejercicios

τετράδιο ασκήσεων

tarea

εργασία για το σπίτι

número

αριθμός

sumar

προσθέτω

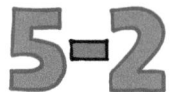

restar

αφαιρώ

multiplicar

πολλαπλασιάζω

calcular

υπολογίζω

letra

γράμμα

alfabeto

αλφάβητο

palabra

λέξη

texto

κείμενο

leer

διαβάζω

tiza

κιμωλία

lección

μάθημα

libro de clase

εγγράφομαι

examen

τεστ

certificado

πιστοποιητικό

uniforme escolar

μαθητική στολή

educación

εκπαίδευση

enciclopedia

εγκυκλοπαίδεια

universidad

πανεπιστήμιο

microscopio

μικροσκόπιο

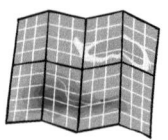

mapa

χάρτης

cesto de papeles

καλάθι αχρήστων

viaje
ταξίδι

hotel
ξενοδοχείο
Grand
albergue
ξενώνας
ROOMS
casa de cambio
ανταλλακτήρια συναλλάγματος
maleta
βαλίτσα
auto
αυτοκίνητο

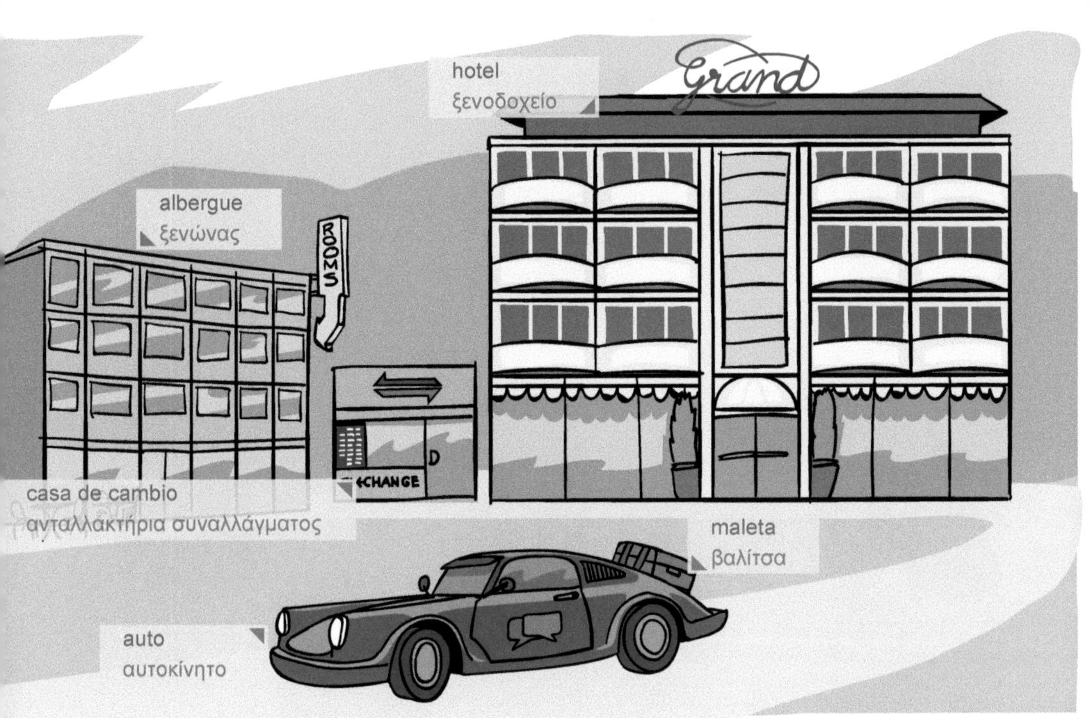

idioma

γλώσσα

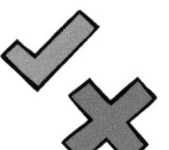

sí / no

ναι / όχι

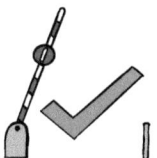

ok

εντάξει

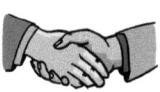

hola

γεια σου

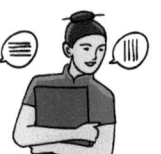

intérprete

μεταφραστής

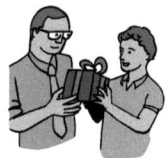

gracias

Ευχαριστώ

¿Cuánto cuesta…?

πόσο κάνει ;

No entiendo

Δε καταλαβαίνω

problema

πρόβλημα

¡Buenas tardes!

Καλησπέρα!

¡Buenos días!

Καλημέρα!

¡Buenas noches!

Καληνύχτα!

adiós

Αντίο

dirección

κατεύθυνση

equipaje

αποσκευές

bolso

τσάντα

mochila

σακίδιο πλάτης

invitado

καλεσμένος

cuarto

δωμάτιο

saco de dormir

υπνόσακος

tienda de campaña

σκηνή

información al turista

τουριστικές πληροφορίες

playa

παραλία

tarjeta de crédito

πιστωτική κάρτα

desayuno

πρωινό

almuerzo

μεσημεριανό

cena

δείπνο

pasaje

εισιτήριο

ascensor

ανελκυστήρας

sello

γραμματόσημο

límite

σύνορα

aduana

τελωνείο

embajada

πρεσβεία

visa

βίζα

pasaporte

διαβατήριο

viaje - ταξίδι

transporte

μεταφορά

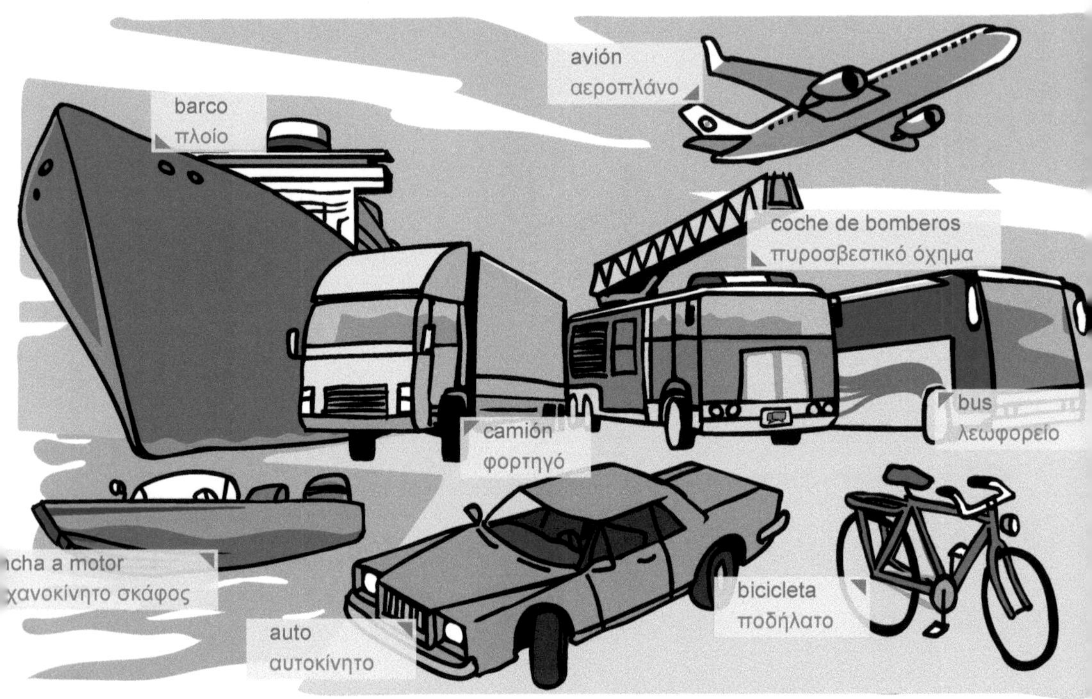

avión
αεροπλάνο
barco
πλοίο
coche de bomberos
πυροσβεστικό όχημα
bus
λεωφορείο
camión
φορτηγό
cha a motor
χανοκίνητο σκάφος
bicicleta
ποδήλατο
auto
αυτοκίνητο

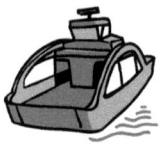

balsa

φεριμπότ

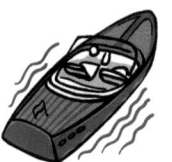

lancha

βάρκα

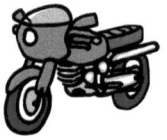

motocicleta

μοτοσικλέτα

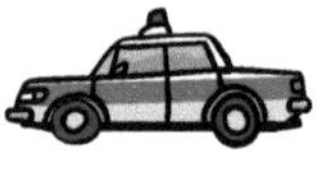

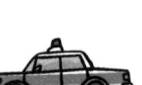

auto de policía

περιπολικό

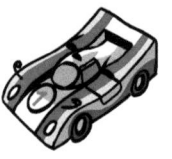

auto de carreras

αγωνιστικό αυτοκίνητο

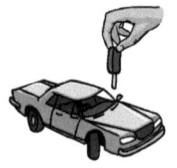

auto de alquiler

ενοικιαζόμενο αυτοκίνητο

alquiler de autos

διαμοιρασμός αυτοκινήτων

grúa

γερανός

vehículo recolector de basura

απορριμματοφόρο

motor

κινητήρας

gasolina

καύσιμο

gasolinera

βενζινάδικο

señal de tráfico

πινακίδα σήμανσης

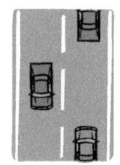

tránsito

κυκλοφορία

atasco

κυκλοφοριακή συμφόρηση

estacionamiento

χώρος στάθμευσης

estación de tren

σιδηροδρομικός σταθμός

carril

σιδηροδρομικές γραμμές

tren

τρένο

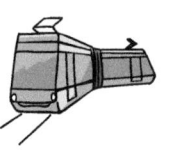

tranvía

τραμ

vagón

βαγόνι

helicóptero

ελικόπτερο

aeropuerto

αεροδρόμιο

torre

πύργος

pasajero

επιβάτης

contenedor

εμπορευματοκιβώτιο

caja de cartón

χαρτοκιβώτιο

carro

καρότσι

cesta

καλάθι

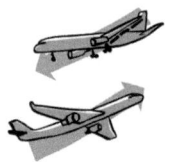

despegar / aterrizar

απογειώνομαι /
προσγειόνομαι

ciudad

πόλη

aldea

χωριό

centro de la ciudad

κέντρο της πόλης

casa

σπίτι

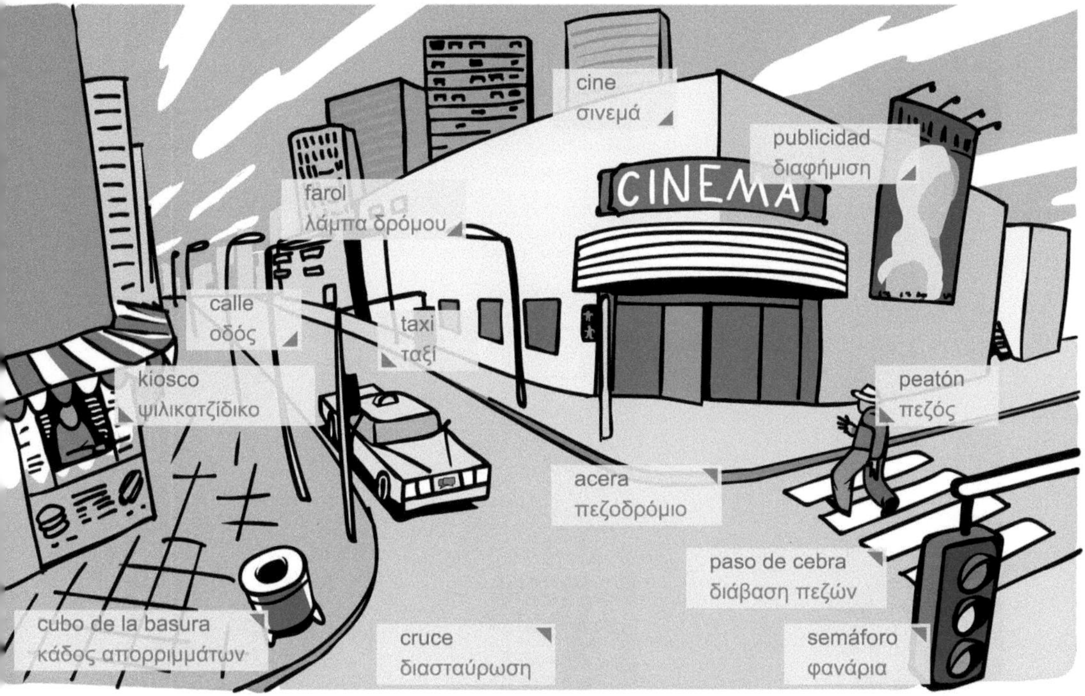
cine
σινεμά
publicidad
διαφήμιση
CINEMA
farol
λάμπα δρόμου
calle
οδός
taxi
ταξί
kiosco
ψιλικατζίδικο
peatón
πεζός
acera
πεζοδρόμιο
paso de cebra
διάβαση πεζών
cubo de la basura
κάδος απορριμμάτων
cruce
διασταύρωση
semáforo
φανάρια

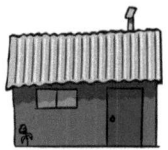

cabaña

καλύβα

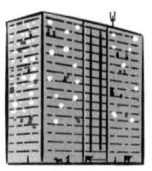

apartamento

διαμέρισμα

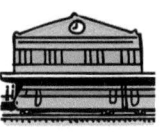

estación de tren

σιδηροδρομικός σταθμός

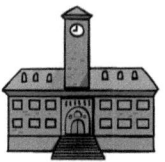

ayuntamiento

δημαρχείο

MUSEUM

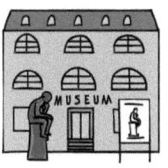

museo

μουσείο

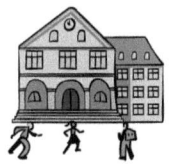

escuela

σχολείο

universidad

πανεπιστήμιο

banco

τράπεζα

hospital

νοσοκομείο

hotel

ξενοδοχείο

farmacia

φαρμακείο

oficina

γραφείο

librería

βιβλιοπωλείο

negocio

κατάστημα

florería

ανθοπωλείο

supermercado

σούπερ μάρκετ

mercado

αγορά

grandes almacenes

πολυκατάστημα

pescadería

ιχθυοπωλείο

centro comercial

εμπορικό κέντρο

puerto

λιμάνι

parque

πάρκο

banco

παγκάκι

puente

γέφυρα

escalera

σκάλες

metro

μετρό

túnel

τούνελ

parada de autobuses

στάση λεωφορείου

bar

μπαρ

restaurante

εστιατόριο

buzón de correo

γραμματοκιβώτιο

letrero

πινακίδα δρόμου

parquímetro

παρκόμετρο

zoológico

ζωολογικός κήπος

piscina

πισίνα

mezquita

τζαμί

granja

αγρόκτημα

polución

ρύπανση

cementerio

νεκροταφείο

iglesia

εκκλησία

parque infantil

παιδική χαρά

templo

ναός

paisaje
τοπίο

hoja
φύλλο

indicador de camino
πινακίδα κατεύθυνσης

sendero
δρόμος

pradera
λιβάδι

piedra
πέτρα

árbol
δέντρο

caminante
πεζοπόρος

río
ποτάμι

pasto
χορτάρι

flor
λουλούδι

valle

κοιλάδα

montaña

λόφος

lago

λίμνη

bosque

δάσος

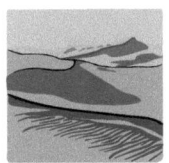

desierto

έρημος

volcán

ηφαίστειο

castillo

κάστρο

arco iris

ουράνιο τόξο

seta

μανιτάρι

palmera

φοίνικας

mosquito

κουνούπι

mosca

μύγα

hormiga

μυρμήγκι

abeja

μέλισσα

araña

αράχνη

escarabajo

σκαθάρι

rana

βάτραχος

ardilla

σκίουρος

erizo

σκαντζόχοιρος

liebre

λαγός

lechuza

κουκουβάγια

pájaro

πουλί

cisne

κύκνος

jabalí

αγριογούρουνο

ciervo

ελάφι

alce

άλκη

embalse

φράγμα

aerogenerador

ανεμογεννήτρια

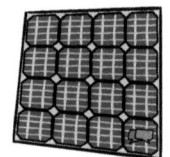

módulo solar

ηλιακός συλλέκτης

clima

κλίμα

restaurante
εστιατόριο

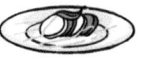

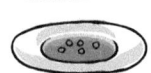

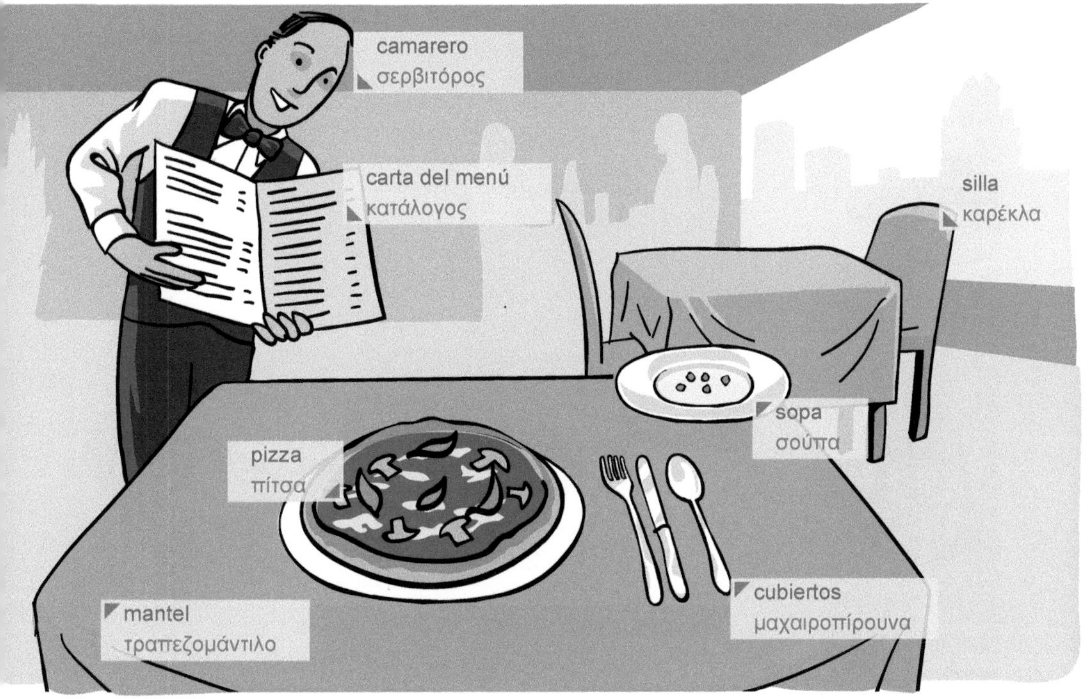

camarero
σερβιτόρος
carta del menú
κατάλογος
silla
καρέκλα
sopa
σούπα
pizza
πίτσα
cubiertos
μαχαιροπίρουνα
mantel
τραπεζομάντιλο

entrada

ορεκτικό

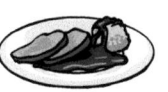

plato principal

κύριο πιάτο

postre

επιδόρπιο

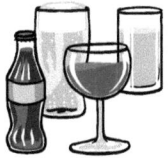

bebida

ποτά

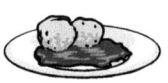

comida

φαγητό

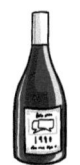

botella

μπουκάλι

comida rápida

φαστ φουντ

comida callejera

φαγητό στ' όρθιο

tetera

τσαγιέρα

azucarera

δοχείο ζάχαρης

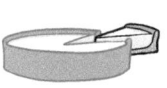

porción

μερίδα

máquina de espresso

μηχανή εσπρέσο

silla alta

ψηλή καρέκλα

factura

λογαριασμός

bandeja

δίσκος

cuchillo

μαχαίρι

tenedor

πιρούνι

cuchara

κουτάλι

cuchara de té

κουταλάκι του τσαγιού

servilleta

πετσέτα φαγητού

vaso

ποτήρι

restaurante - εστιατόριο

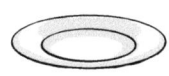

plato
πιάτο

plato de sopa
πιάτο σούπας

platillo
πιατάκι φλιτζανιού

salsa
σάλτσα

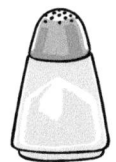

salero
αλατιέρα

molinillo para pimienta
μύλος για πιπέρι

vinagre
ξύδι

aceite
λάδι

especias
μπαχαρικά

ketchup
κέτσαπ

mostaza
μουστάρδα

mayonesa
μαγιονέζα

supermercado

σούπερ μάρκετ

oferta
προσφορά
FOR
cliente
πελάτης
productos lácteos
γαλακτοκομικά προϊόντα
fruta
φρούτα
carrito de compras
καρότσι για ψώνια

BUTCHERS

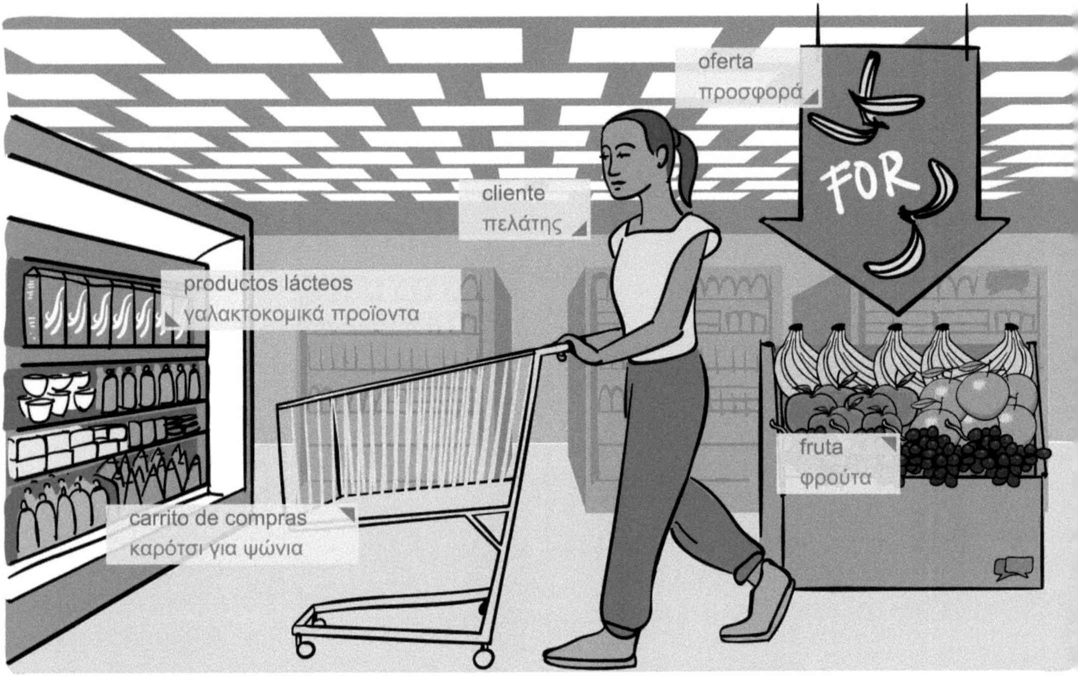

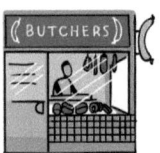

carnicería

κρεοπωλείο

BAKERY

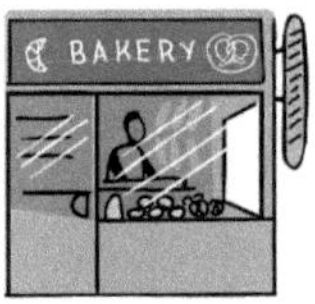

panadería

φούρνος

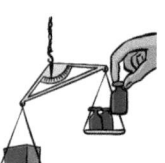

pesar

ζυγίζω

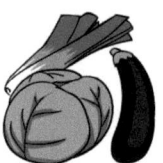

verdura

λαχανικά

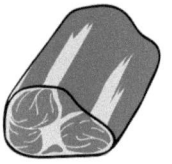

carne

κρέας

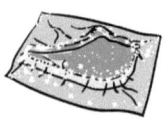

alimentos congelados

κατεψυγμένα τρόφιμα

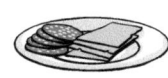

fiambre

αλλαντικά

conservas

κονσερβοποιημένη τροφή

detergente en polvo

απορρυπαντικό ρούχων

dulces

γλυκά

artículos domésticos

οικιακά είδη

productos de limpieza

καθαριστικά προϊόντα

vendedora

πωλήτρια

caja

ταμείο

cajero

ταμίας

lista de compras

λίστα για ψώνια

horario de atención

ωράριο λειτουργίας

cartera

πορτοφόλι

tarjeta de crédito

πιστωτική κάρτα

maleta

τσάντα

bolsa plástica

πλαστική σακούλα

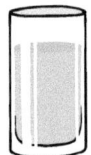

agua

νερό

jugo

χυμός

leche

γάλα

refresco de cola

κόκα κόλα

vino

κρασί

cerveza

μπίρα

alcohol

αλκοόλ

cacao

κακάο

té

τσάι

café

καφές

espresso

εσπρέσο

cappuccino

καπουτσίνο

banana

μπανάνα

manzana

μήλο

naranja

πορτοκάλι

sandía

πεπόνι

limón

λεμόνι

zanahoria

καρότο

ajo

σκόρδο

bambú

μπαμπού

cebolla

κρεμμύδι

seta

μανιτάρι

nueces

ξηροί καρποί

fideos

νουντλς

espagueti

μακαρόνια

arroz

ρύζι

ensalada

σαλάτα

patatas fritas

πατατάκια

patatas salteadas

τηγανητές πατάτες

pizza

πίτσα

hamburguesa

χάμπουργκερ

sándwich

σάντουιτς

escalope

κοτολέτα

jamón

ζαμπόν

salame

σαλάμι

embutido

λουκάνικο

pollo

κοτόπουλο

asado

ψητό

pescado

ψάρι

copos de avena

χυλός βρώμης

musli

μούσλι

copos de maíz tostado

κορν φλέικς

harina

αλεύρι

croissant

κρουασάν

panecillo

ψωμάκι

pan

ψωμί

tostada

τοστ

galletas

μπισκότα

mantequilla

βούτυρο

cuajada

τυρόπηγμα

pastel

κέικ

huevo

αυγό

huevo frito

τηγανητό αυγό

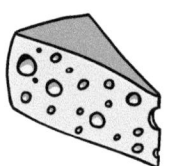

queso

τυρί

comida - φαγητό

helado

παγωτό

azúcar

ζάχαρη

miel

μέλι

mermelada

μαρμελάδα

praliné

άλλειμμα σοκολάτας

curry

κάρυ

granja
αγρόκτημα

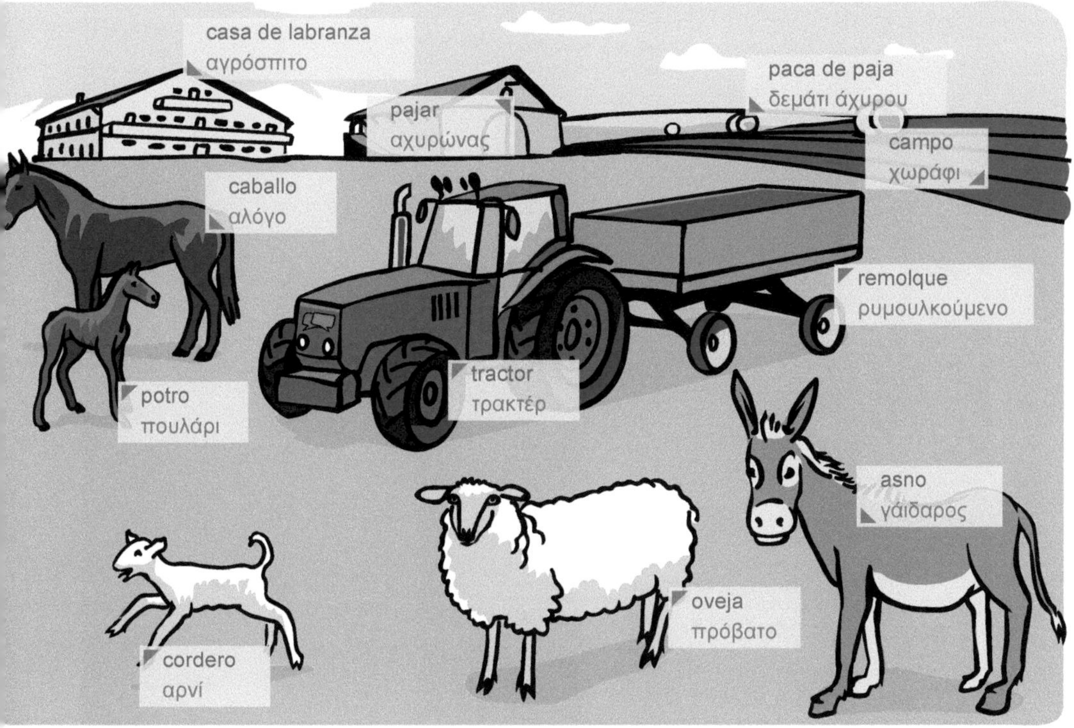
casa de labranza
αγρόσπιτο
pajar
αχυρώνας
paca de paja
δεμάτι άχυρου
campo
χωράφι
caballo
αλόγο
remolque
ρυμουλκούμενο
tractor
τρακτέρ
potro
πουλάρι
asno
γάιδαρος
oveja
πρόβατο
cordero
αρνί

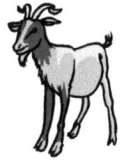

cabra
κατσίκα

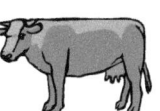

vaca
αγελάδα

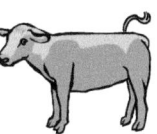

ternero
μοσχαράκι

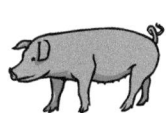

cerdo
γουρούνι

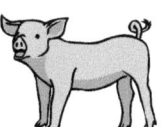

lechón
γουρουνάκι

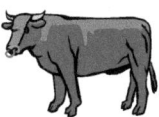

toro
ταύρος

ganso

χήνα

pato

πάπια

polluelo

κοτοπουλάκι

pollo

κότα

gallo

κόκορας

rata

αρουραίος

gato

γάτα

ratón

ποντίκι

buey

βόδι

perro

σκύλος

caseta del perro

σπιτάκι σκύλου

manguera de riego

λάστιχο κήπου

regadera

ποτιστήρι

guadaña

θεριστήρι

arado

αλέτρι

hoz

δρεπάνι

azada

τσάπα

bieldo

δίκρανο

hacha

τσεκούρι

carretilla

χειράμαξα

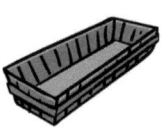

abrevadero

ταΐστρα

lechera

δοχείο γάλακτος

saco

σάκος

cerca

φράχτης

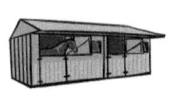

establo

στάβλος

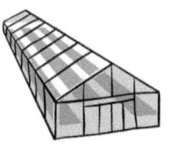

invernadero

θερμοκήπιο

suelo

έδαφος

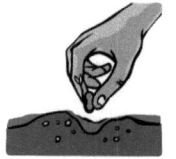

semilla

σπόρος

fertilizante

λίπασμα

cosechadora

θεριζοαλωνιστική μηχανή

cosechar

θερίζω

cosecha

συγκομιδή

raíz de ñame

γιαμς

trigo

σιτάρι

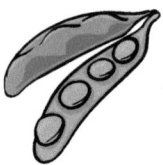

soja

σόγια

patata

πατάτα

maíz

καλαμπόκι

colza

κράμβη

Árbol frutal

οπωροφόρο δέντρο

mandioca

μανιόκα

cereales

δημητριακά

casa

σπίτι

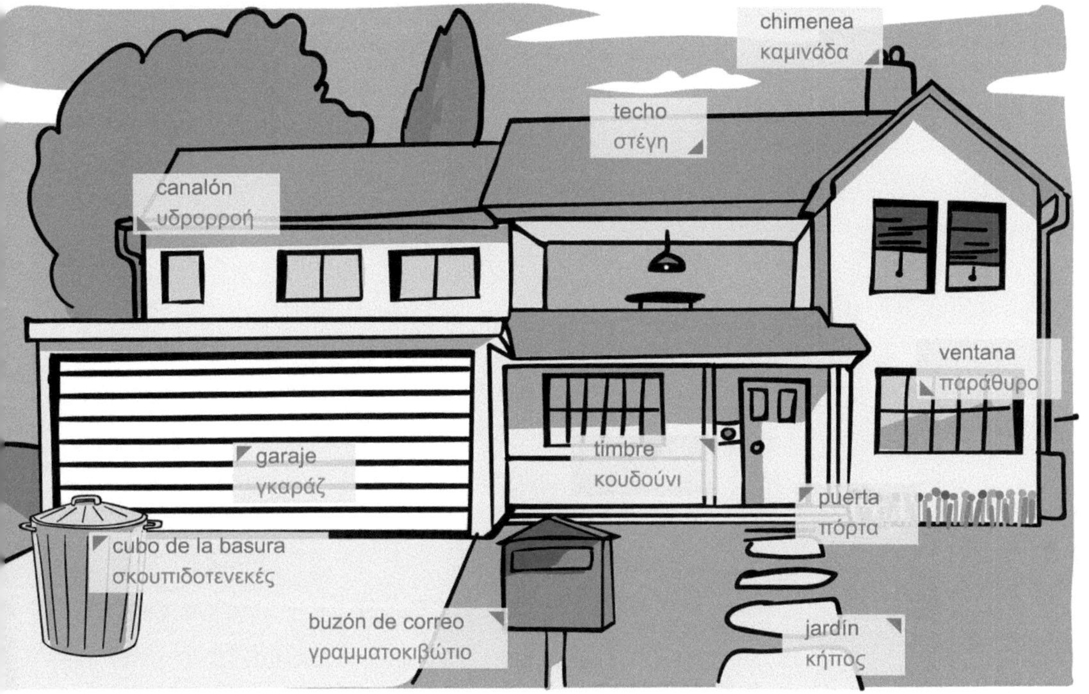
chimenea
καμινάδα
techo
στέγη
canalón
υδρορροή
ventana
παράθυρο
garaje
γκαράζ
timbre
κουδούνι
puerta
πόρτα
cubo de la basura
σκουπιδοτενεκές
buzón de correo
γραμματοκιβώτιο
jardín
κήπος

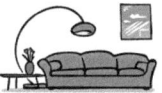

cuarto de estar
....
σαλόνι

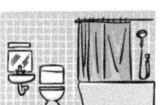

cuarto de baño
....
μπάνιο

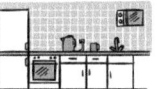

cocina
....
κουζίνα

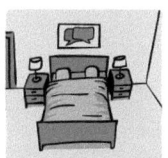

dormitorio
....
υπνοδωμάτιο

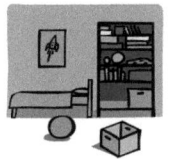

cuarto de los niños
....
παιδικό δωμάτιο

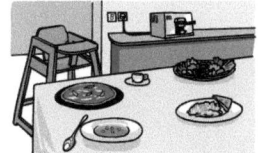

comedor
....
τραπεζαρία

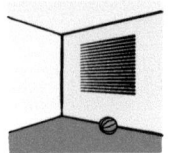

piso

πάτωμα

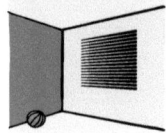

pared

τοίχος

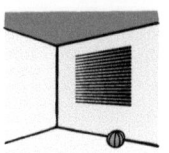

cielorraso

οροφή

sótano

κελάρι

sauna

σάουνα

balcón

μπαλκόνι

terraza

βεράντα

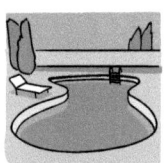

piscina

πισίνα

cortacésped

μηχανή του γκαζόν

funda nórdica

σεντόνι

edredón

κάλυμμα κρεβατιού

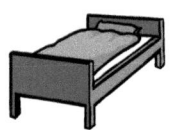

cama

κρεβάτι

escoba

σκούπα

cubo

κουβάς

interruptor

διακόπτης

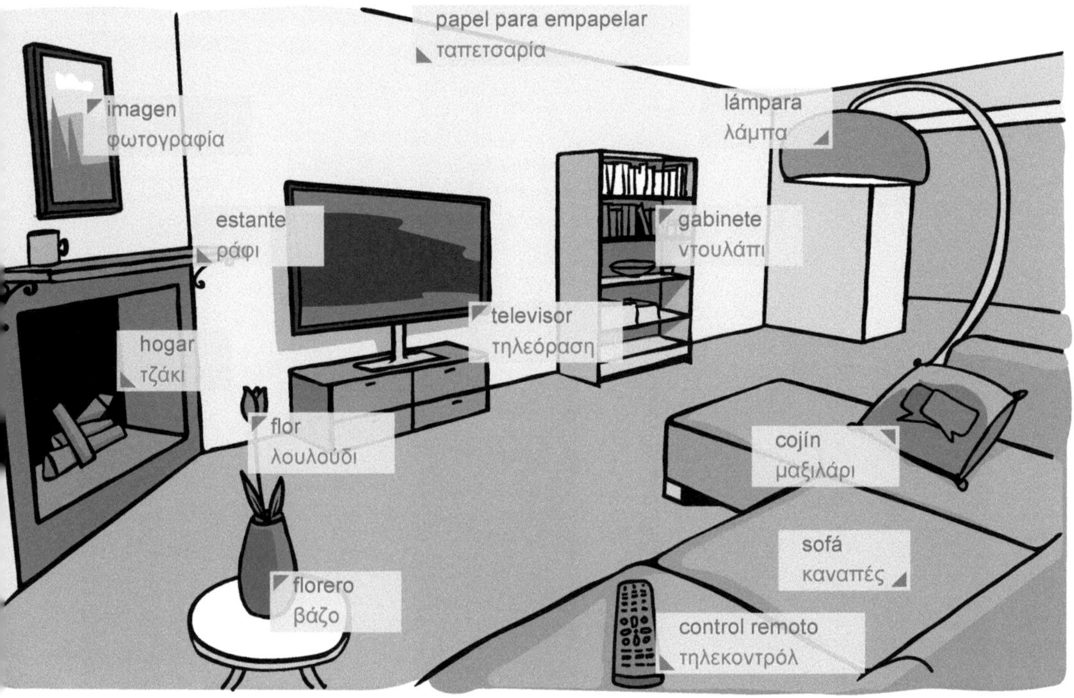

papel para empapelar
ταπετσαρία

imagen
φωτογραφία

lámpara
λάμπα

estante
ράφι

gabinete
ντουλάπι

hogar
τζάκι

televisor
τηλεόραση

flor
λουλούδι

cojín
μαξιλάρι

florero
βάζο

sofá
καναπές

control remoto
τηλεκοντρόλ

alfombra
χαλί

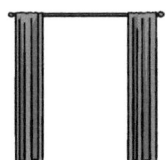

cortina
κουρτίνα

mesa
τραπέζι

silla
καρέκλα

mecedora
κουνιστή πολυθρόνα

sillón
πολυθρόνα

libro

βιβλίο

frazada

κουβέρτα

decoración

διακόσμηση

leña

καυσόξυλα

film

ταινία

equipo estereofónico

στερεοφωνικό σύστημα

llave

κλειδί

periódico

εφημερίδα

cuadro

πίνακας ζωγραφικής

póster

αφίσα

radio

ραδιόφωνο

bloc de notas

σημειωματάριο

aspiradora

ηλεκτρική σκούπα

cactus

κάκτος

vela

κερί

cocina
κουζίνα

nevera
ψυγείο
horno microondas
φούρνος μικροκυμάτων
balanza de cocina
ζυγαριά κουζίνας
tostador
τοστιέρα
detergente
απορρυπαντικό
horno
φούρνος
congelador
κατάψυξη
cubo de la basura
σκουπιδοτενεκές
lavaplatos
πλυντήριο πιάτων

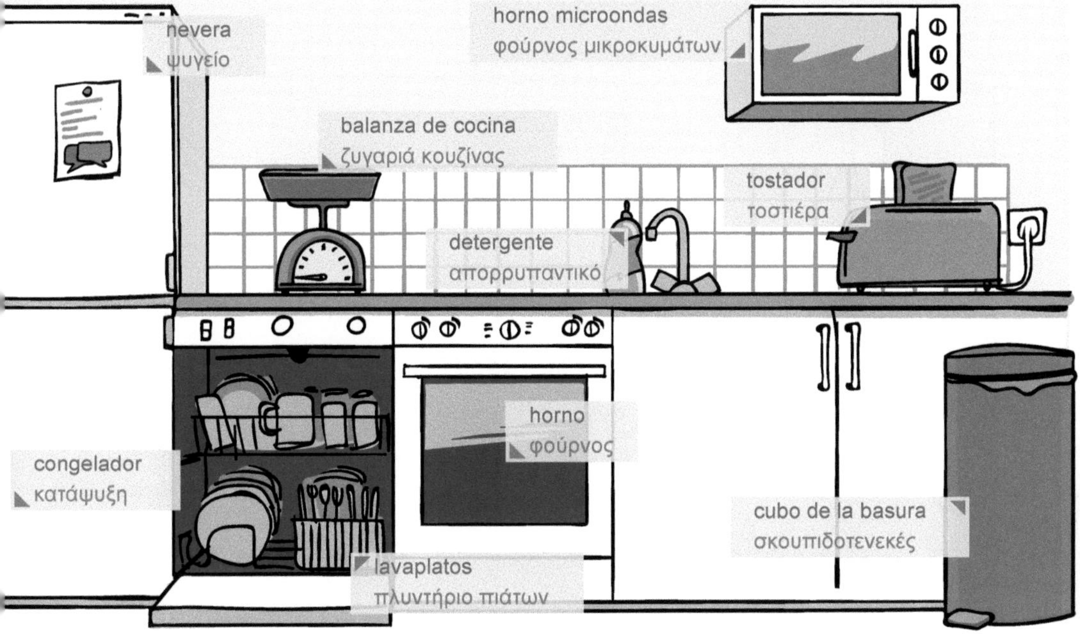

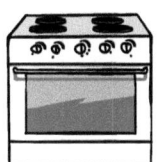

cocina
κουζίνα

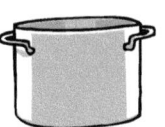

olla
κατσαρόλα

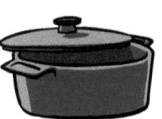

olla de fundición de hierro
μαντεμένια κατσαρόλα

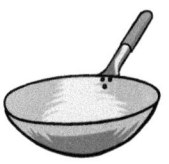

wok / kadai
γουόκ/καντάι

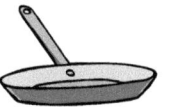

sartén
τηγάνι

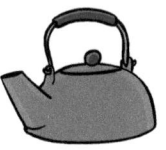

hervidor de agua
βραστήρας

olla de vapor

ατμομάγειρας

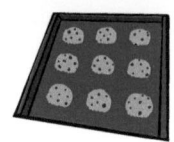

bandeja de horno

ταψί

vajilla

πιατικά

vaso

κούπα

bol

μπολ

palillos para comer

ξυλάκια

cucharón de sopa

κουτάλα

espátula

σπάτουλα

batidor

ανακατεύω

colador

σουρωτήρι

cedazo

σουρωτηράκι

rallador

τρίφτης

mortero

γουδί

parrillada

ψησταριά

fogata

ανοιχτή φωτιά

tabla de picar

σανίδα κοπής

rodillo

πλάστης

sacacorchos

ανοιχτήρι φελλών

lata

κονσέρβα

abrelatas

ανοιχτήρι κονσέρβας

agarrador

γάντι φούρνου

fregadero

νεροχύτης

cepillo

βούρτσα

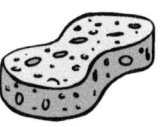

esponja

σφουγγάρι

batidora

μπλέντερ

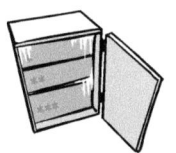

arcón congelador

καταψύκτης

biberón

μπιμπερό

grifo

βρύση

cuarto de baño

μπάνιο

calefacción
θέρμανση
ducha
ντους
toalla
πετσέτα
cortina para ducha
κουρτίνα ντουζ
baño de espuma
αφρόλουτρο
bañera
μπανιέρα
vaso
ποτήρι
lavadora
πλυντήριο ρούχων
grifo
βρύση
baldosa
πλακάκια
orinal
γιογιό
fregadero
νεροχύτης

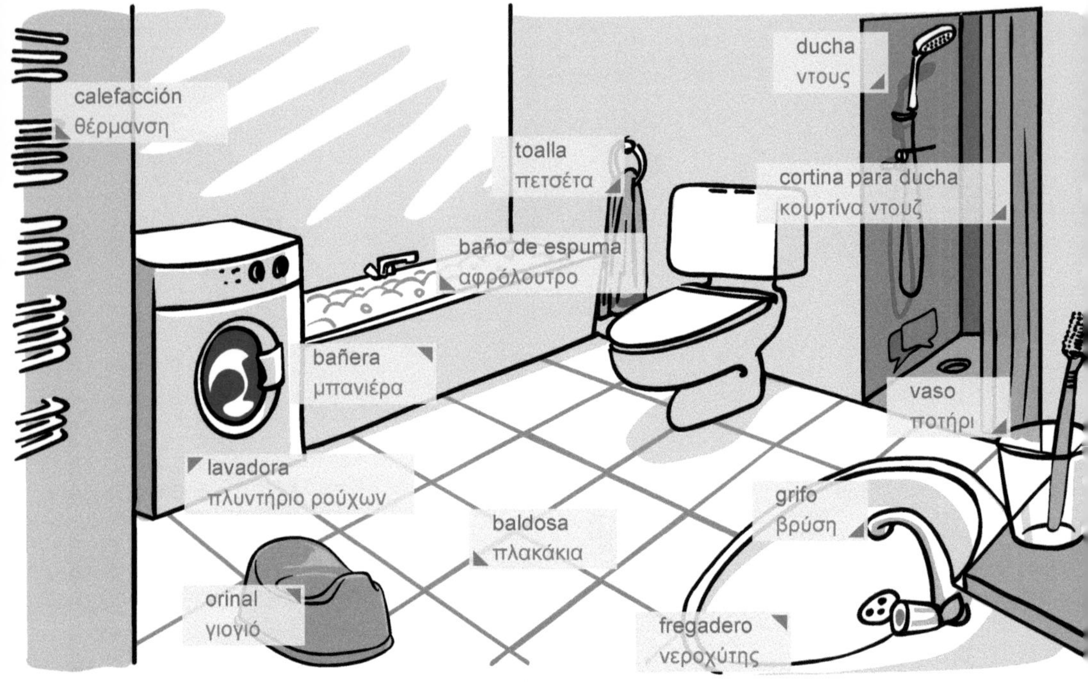

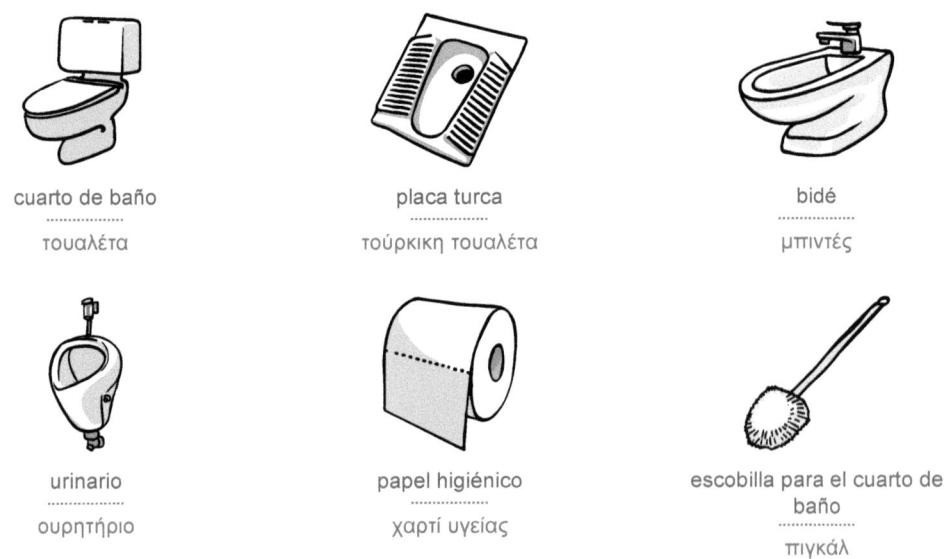

cuarto de baño

τουαλέτα

placa turca

τούρκικη τουαλέτα

bidé

μπιντές

urinario

ουρητήριο

papel higiénico

χαρτί υγείας

escobilla para el cuarto de baño

πιγκάλ

cepillo de dientes

οδοντόβουρτσα

pasta dentífrica

οδοντόκρεμα

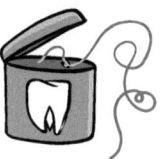

seda dental

οδοντικό νήμα

lavar

πλένω

ducha teléfono

τηλέφωνο ντους

ducha higiénica

ντουσιέρα

cuenco

λεκάνη

cepillo para la espalda

βούρτσα πλάτης

jabón

σαπούνι

gel de ducha

αφρόλουτρο

champú

σαμπουάν

manopla para baño

φανέλα

desagüe

σιφόνι

crema

κρέμα

desodorante

αποσμητικό

espejo

καθρέφτης

espejo de maquillaje

καθρέφτης χειρός

máquina de afeitar

ξυραφάκι

espuma de afeitar

αφρός ξυρίσματος

loción para después del afeitado

αφτερσέιβ

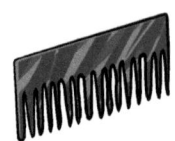

peine

χτένα

cepillo

βούρτσα

secador para cabello

σεσουάρ

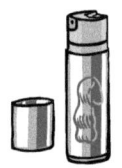

laca de peinado

λακ

maquillaje

μακιγιάζ

lápiz labial

κραγιόν

laca para uñas

βερνίκι νυχιών

algodón

βαμβάκι

tijera para uñas

ψαλίδι νυχιών

perfume

άρωμα

neceser

νεσεσέρ

taburete

σκαμπό

balanza

ζυγαριά

bata de baño

μπουρνούζι

guantes de goma

ελαστικά γάντια

tampón

ταμπόν

compresa

πετσέτα υγιεινής

wáter químico

χημική τουαλέτα

cuarto de los niños

παιδικό δωμάτιο

despertador
ξυπνητήρι
animal de peluche
λούτρινο ζωάκι
auto de juguete
αυτοκινητάκι
sonajero
κουδουνίστρα
casa de muñecas
κουκλόσπιτο
obsequio
δώρο

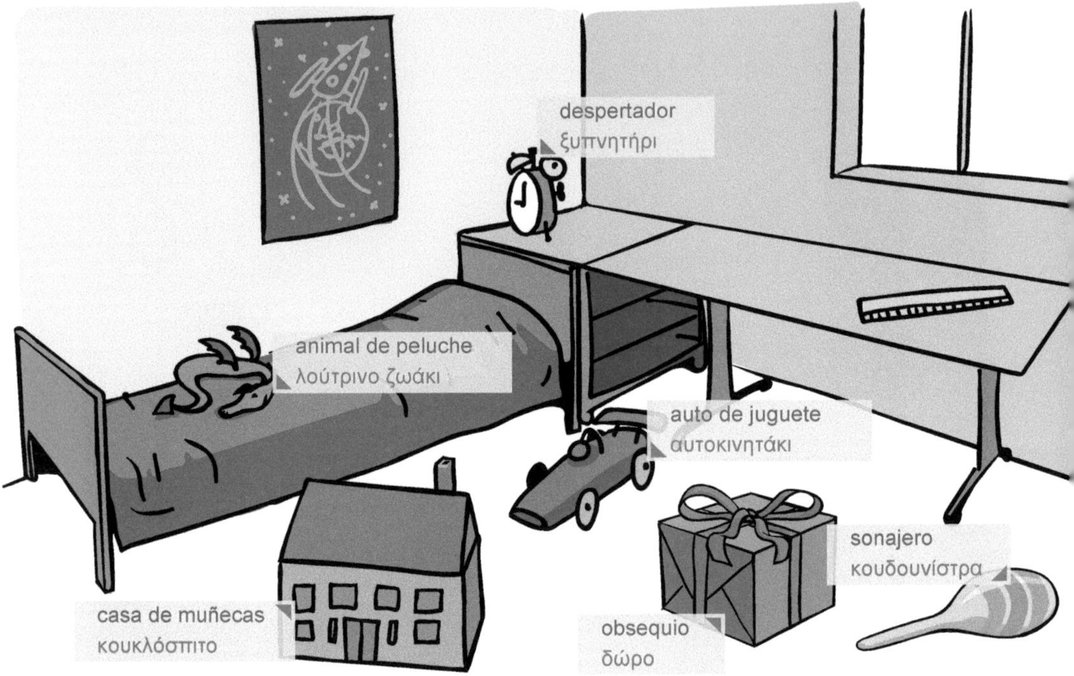

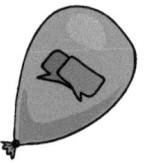

globo

μπαλόνι

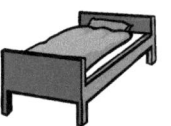

cama

κρεβάτι

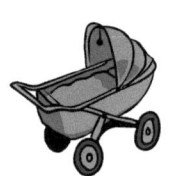

cochecito para niños

καροτσάκι

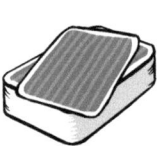

juego de barajas

τράπουλα

rompecabezas

παζλ

SUPER
MEGA

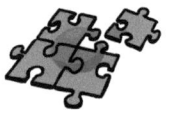

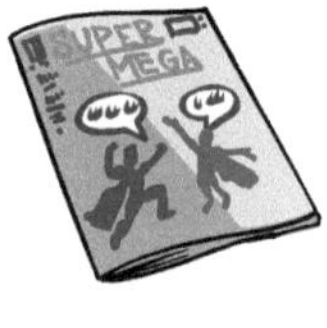

cómic

κόμικς

piezas de Lego

τουβλάκια lego

bloques para jugar

τουβλάκια κατασκευών

figura de acción

φιγούρα δράσης

pijama de una pieza

βρεφικό φορμάκι

frisbee

φρίσμπι

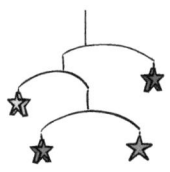

móvil

μόμπιλο

juego de mesa

επιτραπέζιο παιχνίδι

dado

ζάρια

tren eléctrico a escala

σετ τρενάκι

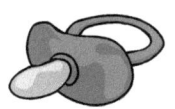

chupete

πιπίλα

fiesta

πάρτι

libro de dibujos

εικονογραφημένο βιβλίο

pelota

μπάλα

títere

κούκλα

jugar

παίζω

arenero

σκάμμα με άμμο

columpio

κούνια

juguetes

παιχνίδια

consola de videojuego

κονσόλα βιντεοπαιχνιδιών

triciclo

τρίκυκλο

osito de peluche

αρκουδάκι

guardarropa

ντουλάπα

vestimenta

ρούχα

calcetines

κάλτσες

medias

καλτσοδέτες

panti

καλσόν

chal
κασκόλ

cinturón
ζώνη

paraguas
ομπρέλα

camiseta
μπλουζάκι

botas
μπότες

zapatilla
παντόφλες

deportivas
αθλητικά παπούτσια

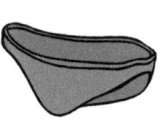

sandalias

σανδάλια

zapatos

παπούτσια

botas de goma

γαλότσες

ropa interior

εσώρουχο

corpiño

σουτιέν

camiseta

φανέλα

body

σώμα

pantalón

παντελόνι

jeans

τζιν παντελόνι

falda

φούστα

blusa

μπλούζα

camisa

πουκάμισο

pullover

πουλόβερ

sweater

πουλόβερ

blazer

σακάκι

chaqueta

μπουφάν

abrigo

παλτό

impermeable

αδιάβροχο πανωφόρι

traje chaqueta

κοστούμι

vestido

φόρεμα

vestido de bodas

νυφικό

traje

κοστούμι

camisón

νυχτικό

pijama

πιτζάμες

sari

σάρι

pañuelo de cabeza

μαντήλι

turbante

τουρμπάνι

burka

μπούρκα

caftán

καφτάνι

abaya

μουσουλμανικό ένδυμα

traje de baño

ολόσωμο μαγιό

bañador

ανδρικό μαγιό

shorts

σορτς

chándal

αθλητική φόρμα

delantal

ποδιά

guante

γάντια

botón

κουμπί

gafa

γυαλιά

brazalete

βραχιόλι

cadena

περιδέραιο

anillo

δαχτυλίδι

aro

σκουλαρίκι

gorra

καπέλο

percha

κρεμάστρα

sombrero

καπέλο

corbata

γραβάτα

cierre a cremallera

φερμουάρ

casco

κράνος

tiradores

τιράντες

uniforme escolar

μαθητική στολή

uniforme

στολή

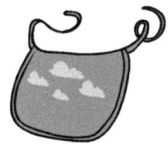

babero

σαλιάρα

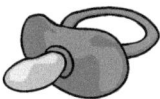

chupete

πιπίλα

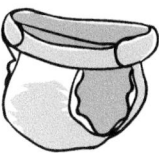

pañal

πάνα

oficina
γραφείο

servidor
σέρβερ
archivador
αρχειοθήκη
impresora
εκτυπωτής
papel
χαρτί
monitor
οθόνη
ratón
ποντίκι
escritorio
γραφείο
carpeta
ντοσιέ
teclado
πληκτρολόγιο
cesto de papeles
καλάθι αχρήστων
ordenador
υπολογιστής
silla
καρέκλα

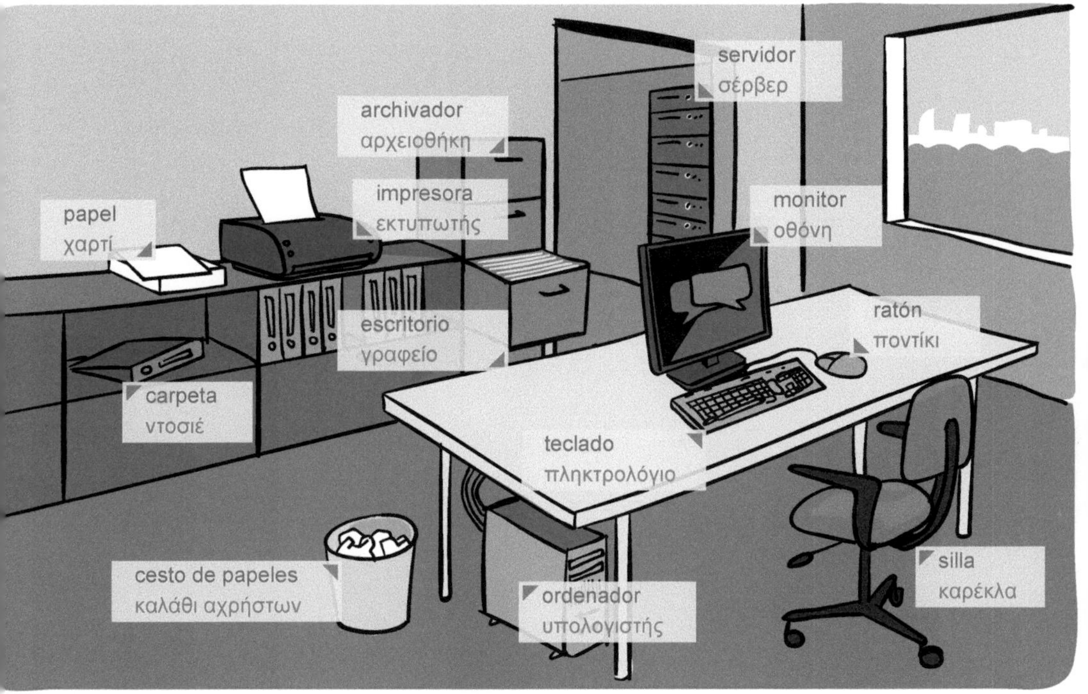

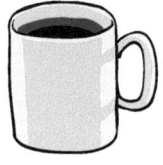

taza de café

κούπα του καφέ

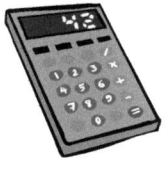

calculadora

κομπιουτεράκι

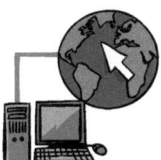

internet

ίντερνετ

laptop

λάπτοπ

carta

γράμμα

mensaje

μήνυμα

teléfono móvil

κινητό

red

δίκτυο

fotocopiadora

φωτοτυπικό μηχάνημα

software

λογισμικό

teléfono

τηλέφωνο

tomacorriente

πρίζα

máquina de fax

συσκευή φαξ

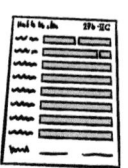

formulario

έντυπο

documento

έγγραφο

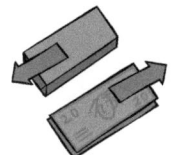

comprar

αγοράζω

pagar

πληρώνω

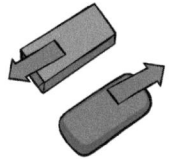

comerciar

συναλλάσσομαι

dinero

χρήματα

 USD

dólar

δολάριο

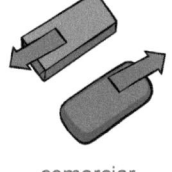 EUR

euro

ευρώ

 JPY

yen

γιεν

 RUB

rublo

ρούβλι

 CHF

franco

ελβετικό φράγκο

 CNY

renminbi

ρενμίνμπι γιουάν

 INR

rupia

ρουπία

cajero automático

ATM (αυτόματη ταμειακή μηχανή)

casa de cambio

ανταλλακτήρια συναλλάγματος

oro

χρυσός

plata

ασήμι

petróleo

πετρέλαιο

energía

ενέργεια

precio

τιμή

contrato

συμβόλαιο

impuesto

φόρος

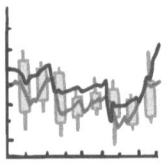

acción

μετοχή

trabajar

δουλεύω

empleado

υπάλληλος

empleador

εργοδότης

fábrica

εργοστάσιο

negocio

κατάστημα

ocupaciones
επαγγέλματα

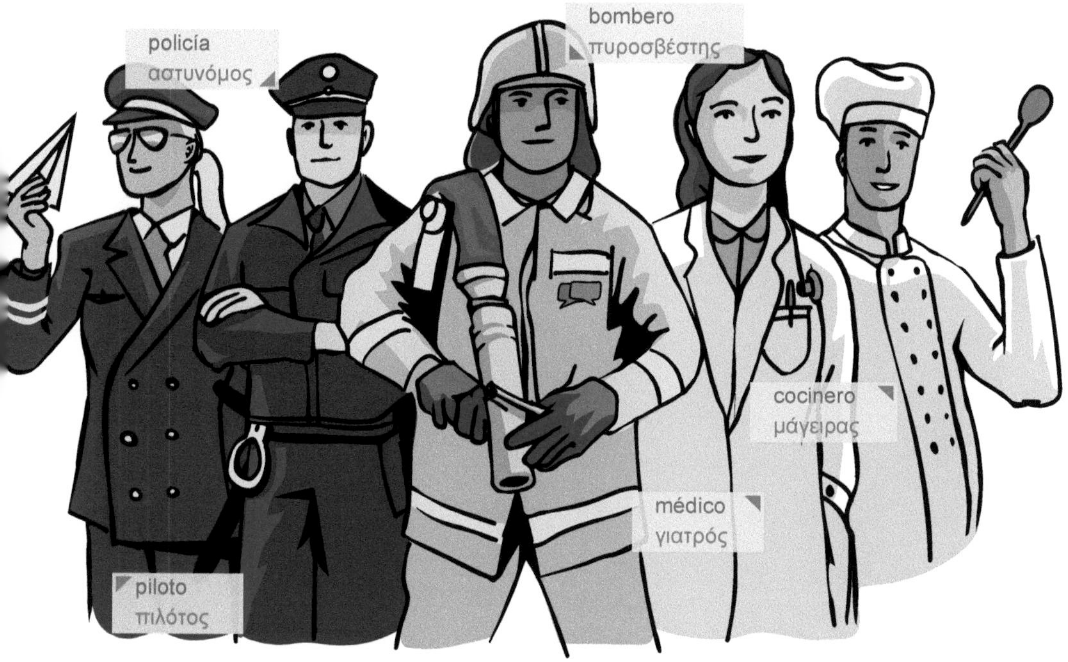

policía
αστυνόμος
bombero
πυροσβέστης
cocinero
μάγειρας
médico
γιατρός
piloto
πιλότος

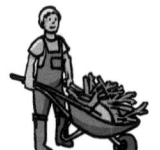

jardinero
κηπουρός

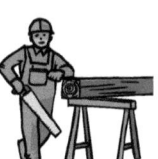

carpintero
ξυλουργός

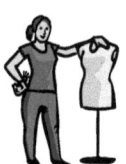

costurera
μοδίστρα

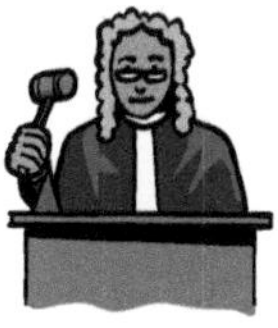

juez
δικαστής

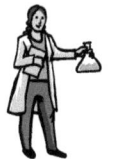

químico
χημικός

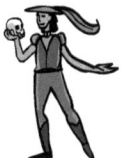

actor
ηθοποιός

conductor de autobús

οδηγός λεωφορείου

taxista

ταξιτζής

pescador

ψαράς

mujer de la limpieza

καθαρίστρια

techista

τεχνίτης στεγών

camarero

σερβιτόρος

cazador

κυνηγός

pintor

ζωγράφος

panadero

αρτοποιός

electricista

ηλεκτρολόγος

albañil

οικοδόμος

ingeniero

μηχανολόγος

carnicero

κρεοπώλης

fontanero

υδραυλικός

cartero

ταχυδρόμος

ocupaciones - επαγγέλματα

soldado

στρατιώτης

arquitecto

αρχιτέκτονας

cajero

ταμίας

florista

ανθοπώλης

peluquero

κομμωτής

cobrador

ελεγκτής εισιτηρίων

mecánico

μηχανικός

capitán

καπετάνιος

odontólogo

οδοντίατρος

científico

επιστήμονας

rabino

ραβίνος

imam

ιμάμης

monje

μοναχός

párroco

ιερέας

herramientas
εργαλεία

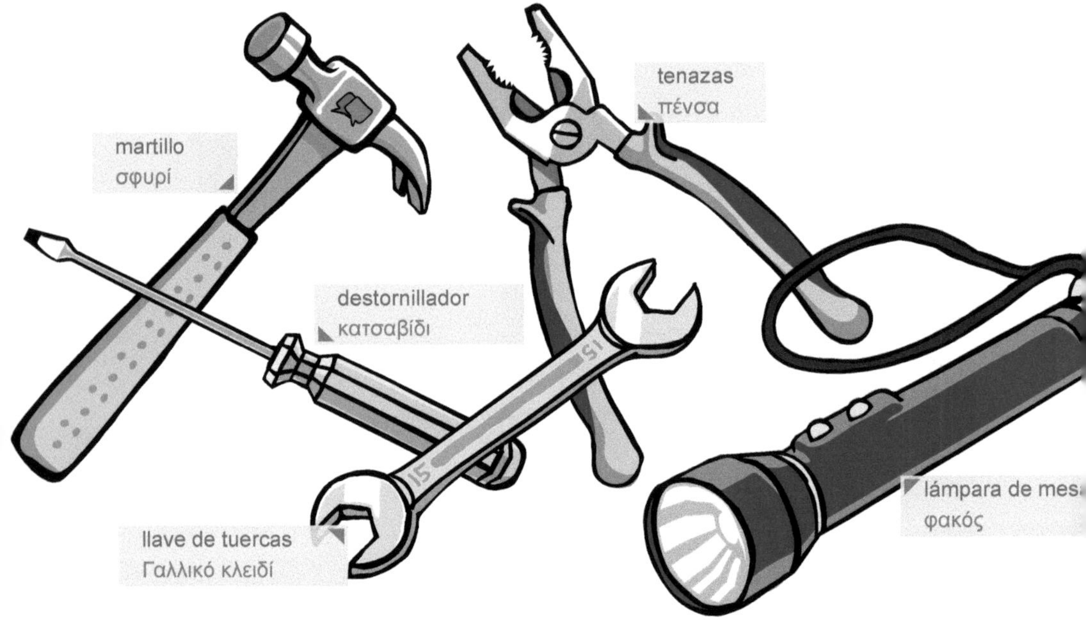
martillo
σφυρί
tenazas
πένσα
destornillador
κατσαβίδι
llave de tuercas
Γαλλικό κλειδί
lámpara de mes
φακός

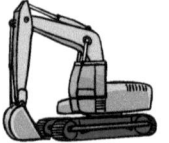

excavadora

εκσκαφέας

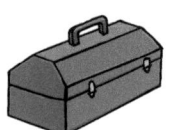

caja de herramientas

εργαλειοθήκη

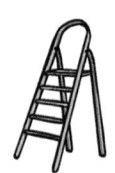

escalerilla

σκάλα

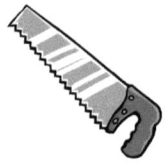

serrucho

πριόνι

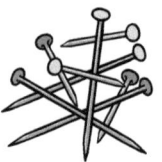

clavos

καρφιά

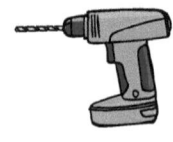

taladro

τρυπάνι

reparar

επισκευάζω

pala

φτυάρι

¡Maldición!

Να πάρει!

recogedor

φαράσι

lata de pintura

δοχείο χρωμάτων

tornillos

βίδες

instrumentos musicales

μουσικά όργανα

batería
ντραμς

altavoz
μεγάφωνο

guitarra
κιθάρα

contrabajo
κοντραμπάσο

trompeta
τρομπέτα

piano

πιάνο

violín

βιολί

bajo

μπάσο

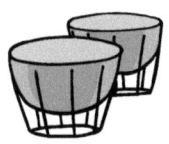

timbales

τύμπανα

tambor

τύμπανο

teclado

πλήκτρα

saxofón

σαξόφωνο

flauta

φλάουτο

micrófono

μικρόφωνο

zoológico
ζωολογικός κήπος

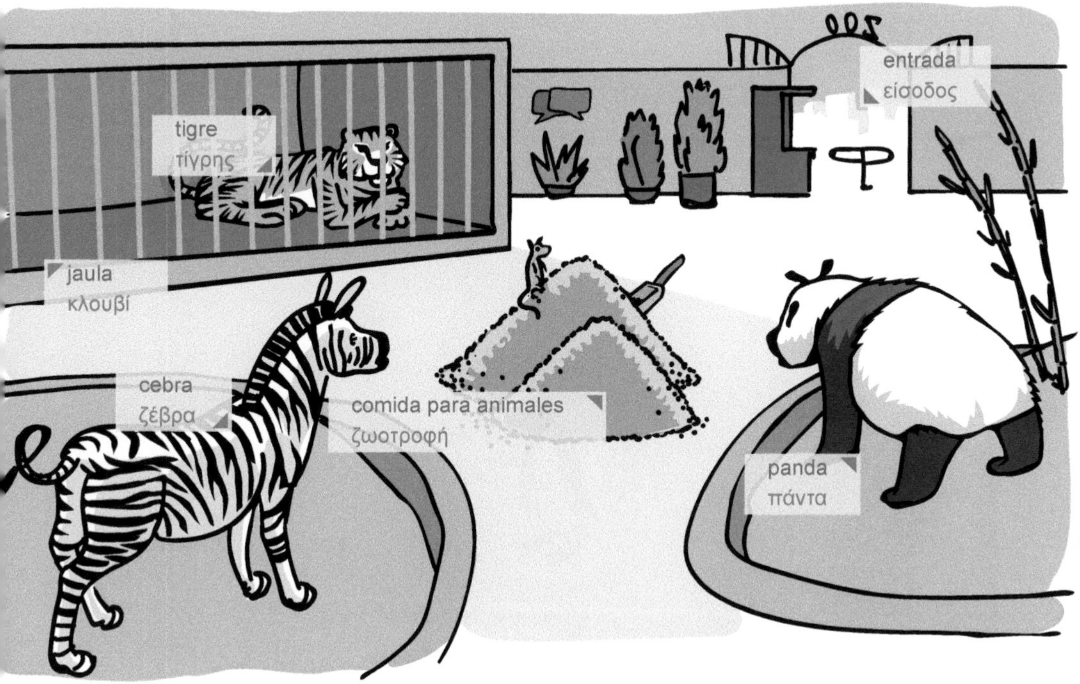
entrada
είσοδος
tigre
τίγρης
jaula
κλουβί
cebra
ζέβρα
comida para animales
ζωοτροφή
panda
πάντα

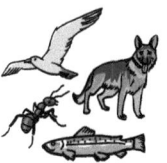

animales
ζώα

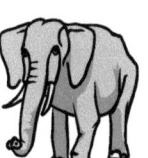

elefante
ελέφαντας

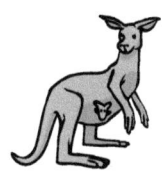

canguro
καγκουρό

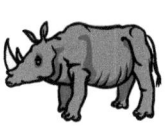

rinoceronte
ρινόκερος

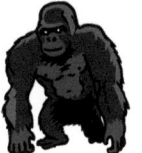

gorila
γορίλας

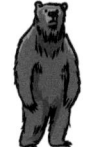

oso
αρκούδα

camello

καμήλα

avestruz

στρουθοκάμηλος

león

λιοντάρι

mono

πίθηκος

flamengo

φλαμίνγκο

papagayo

παπαγάλος

oso polar

πολική αρκούδα

pingüino

πιγκουίνος

tiburón

καρχαρίας

pavo real

παγώνι

serpiente

φίδι

cocodrilo

κροκόδειλος

cuidador del zoológico

φύλακας ζωολογικού κήπου

foca

φώκια

jaguar

τζάγκουαρ

pony

πόνυ

leopardo

λεοπάρδαλη

hipopótamo

ιπποπόταμος

jirafa

καμηλοπάρδαλη

águila

αετός

jabalí

αγριογούρουνο

pescado

ψάρι

tortuga

χελώνα

morsa

θαλάσσιος ίππος

zorro

αλεπού

gacela

γαζέλα

fútbol americano
Αμερικάνικο ποδόσφαιρο

ciclismo
ποδηλασία

tenis
αντισφαίριση

baloncesto
μπάσκετ

natación
κολύμβηση

hockey sobre hielo
χόκεϋ επί πάγου

boxeo
πυγχαμία

fútbol
ποδόσφαιρο

badminton
μπάντμιντον

atletismo
στίβος

balonmano
χάντμπολ

esquí
σκι

polo
πόλο

actividades
δραστηριότητες

reír
γελάω
saltar
πηδάω
abrazar
αγκαλιάζω
caminar
περπατάω
cantar
τραγουδάω
soñar
ονειρεύομαι
rezar
προσεύχομαι
besar
φιλάω

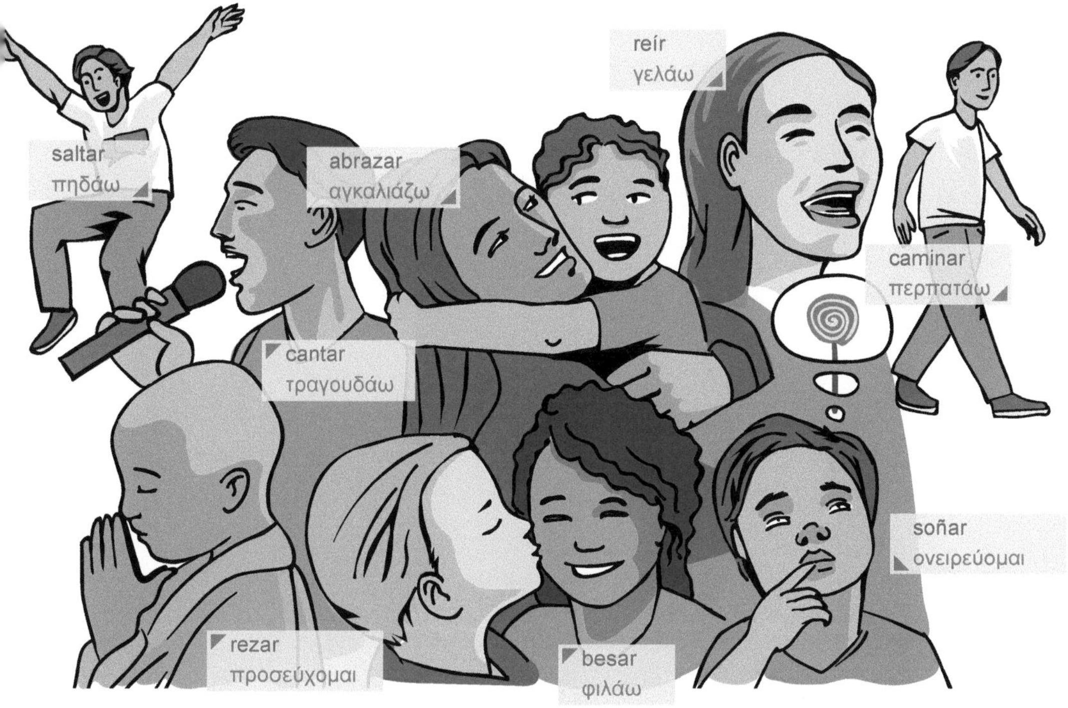

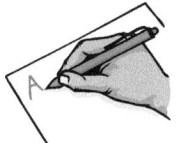

escribir
γράφω

dibujar
σχεδιάζω

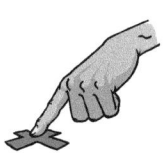

mostrar
δείχνω

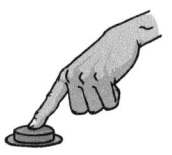

presionar
πιέζω

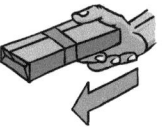

dar
δίνω

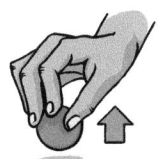

tomar
παίρνω

tener

έχω

hacer

κάνω

ser

είμαι

estar de pie

στέκομαι

correr

τρέχω

tirar

τραβάω

arrojar

ρίχνω

caer

πέφτω

estar acostado

ξαπλώνω

esperar

περιμένω

llevar

κουβαλώ

estar sentado

κάθομαι

vestirse

φοράω

dormir

κοιμάμαι

despertar

ξυπνάω

mirar

κοιτάω

llorar

κλαίω

acariciar

χαϊδεύω

peinarse

χτενίζω

conversar

μιλάω

entender

καταλαβαίνω

preguntar

ρωτάω

oír

ακούω

beber

πίνω

comer

τρώω

asear

συγυρίζω

amar

αγαπάω

cocinar

μαγειρεύω

conducir

οδηγώ

volar

πετάω

actividades - δραστηριότητες

navegar

κάνω ιστιοπλοΐα

calcular

υπολογίζω

leer

διαβάζω

aprender

μαθαίνω

trabajar

δουλεύω

casarse

παντρεύομαι

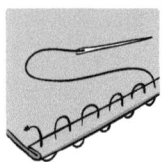

coser

ράβω

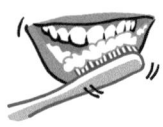

limpiarse los dientes

βουρτσίζω τα δόντια

matar

σκοτώνω

fumar

καπνίζω

enviar

στέλνω

familia

οικογένεια

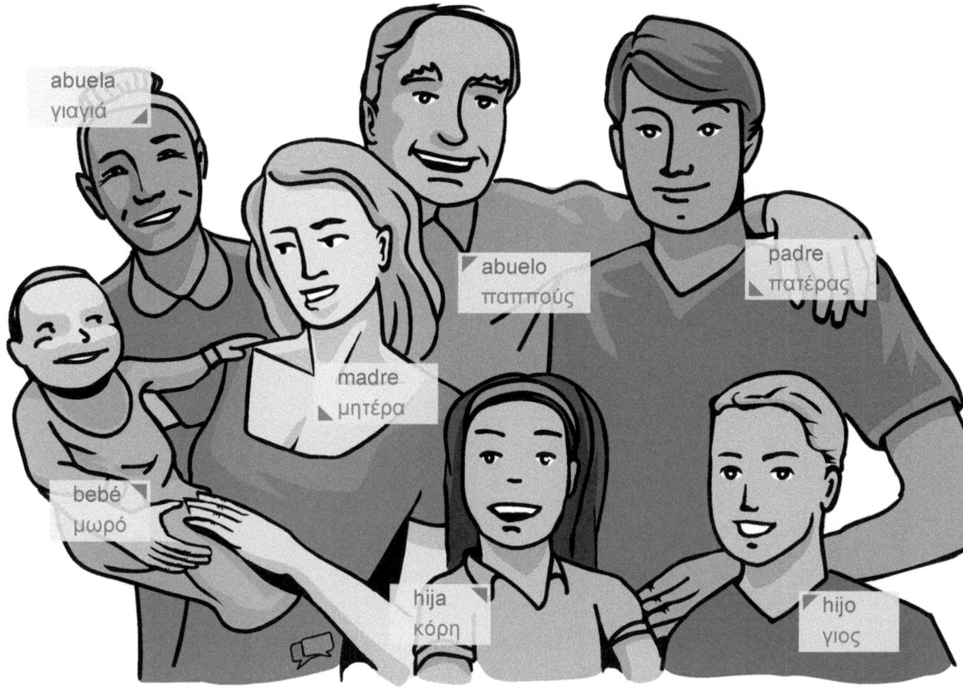
abuela
γιαγιά
abuelo
παππούς
padre
πατέρας
madre
μητέρα
bebé
μωρό
hija
κόρη
hijo
γιος

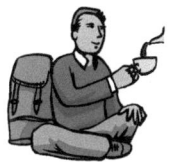

invitado

καλεσμένος

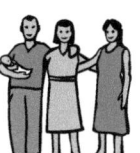

tía

θεία

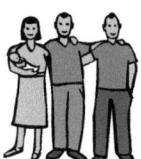

tío

θείος

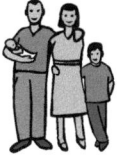

hermano

αδελφός

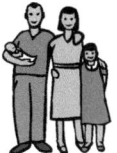

hermana

αδελφή

cuerpo

σώμα

frente
μέτωπο
ojo
μάτι
hombro
ώμος
dedo
δάχτυλο
cara
πρόσωπο
barbilla
πιγούνι
mano
χέρι
pierna
πόδι
pecho
στήθος
brazo
βραχίονας

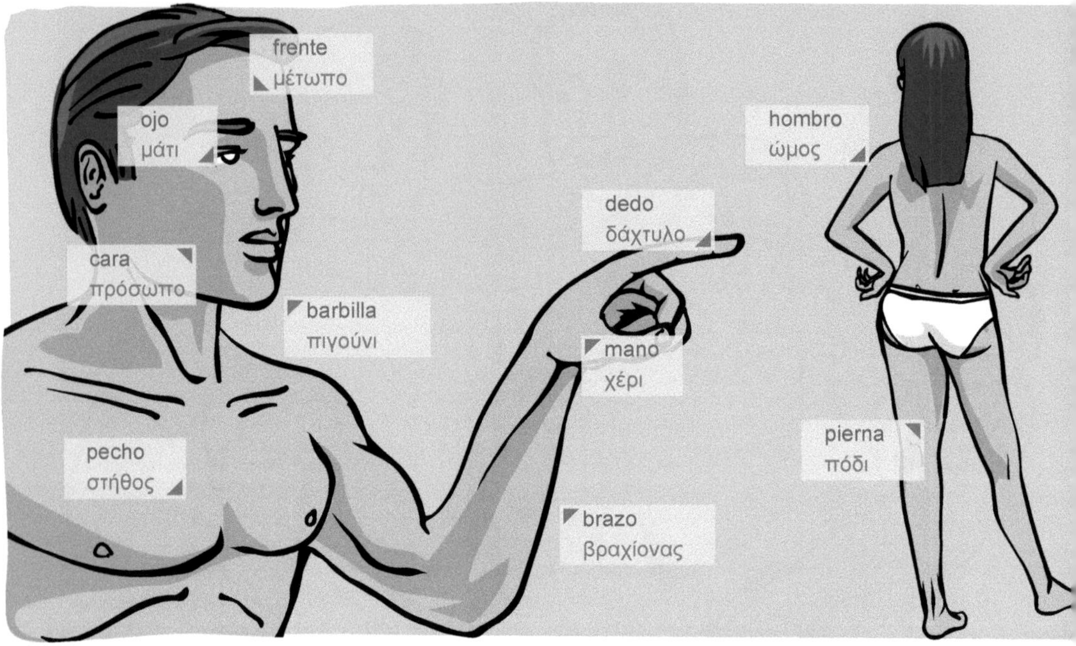

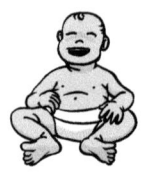

bebé

μωρό

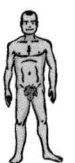

hombre

άνδρας

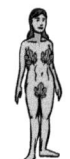

mujer

γυναίκα

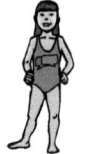

muchacha

κορίτσι

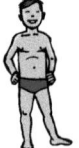

joven

αγόρι

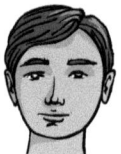

cabeza

κεφάλι

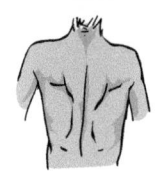

espalda

πλάτη

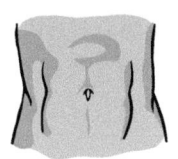

vientre

κοιλιά

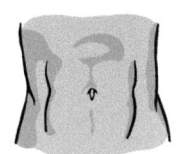

ombligo

αφαλός

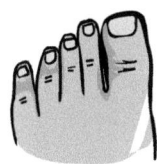

dedo del pie

δάχτυλο ποδιού

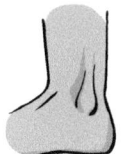

talón

φτέρνα

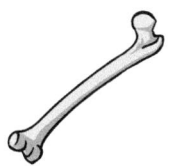

hueso

κόκκαλο

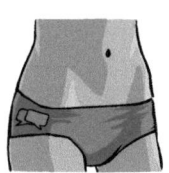

cadera

γοφός

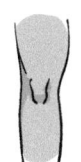

rodilla

γόνατο

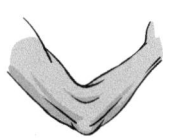

codo

αγκώνας

nariz

μύτη

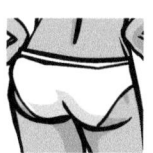

trasero

γλουτός

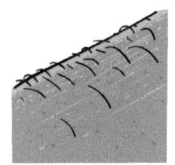

piel

δέρμα

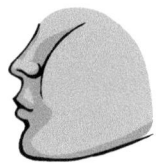

mejilla

μάγουλο

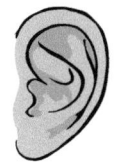

oreja

αυτί

labio

χείλος

cuerpo - σώμα

boca

στόμα

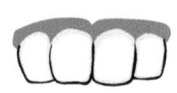

diente

δόντι

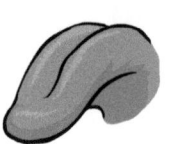

lengua

γλώσσα

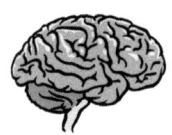

cerebro

εγκέφαλος

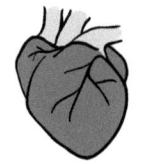

corazón

καρδιά

músculo

μυς

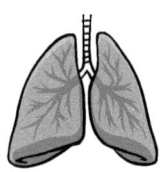

pulmón

πνεύμονας

hígado

συκώτι

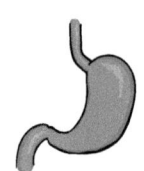

estómago

στομάχι

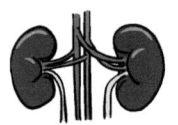

riñones

νεφρά

relación sexual

σεξουαλική επαφή

condón

προφυλακτικό

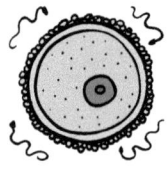

Óvulo

ωάριο

esperma

σπέρμα

embarazo

εγκυμοσύνη

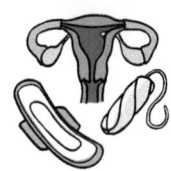

menstruación

περίοδος

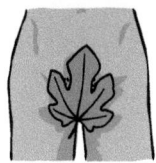

vagina

γυναικείος κόλπος

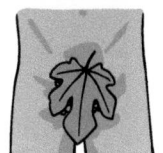

pene

πέος

ceja

φρύδι

cabello

μαλλιά

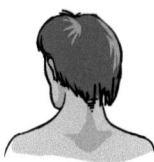

cuello

λαιμός

hospital
νοσοκομείο

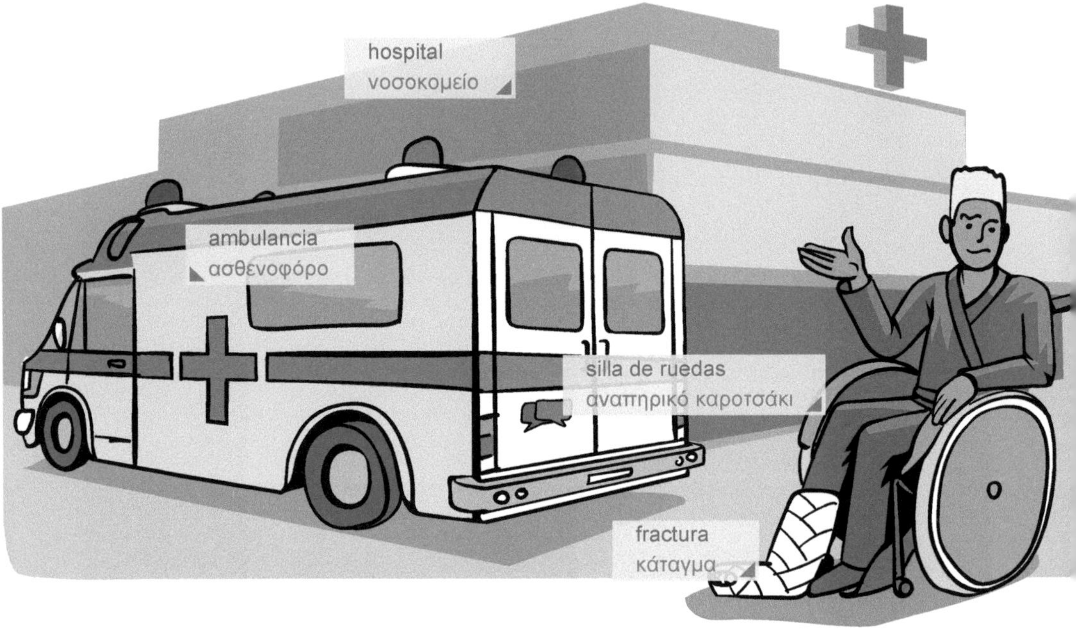

hospital
νοσοκομείο
ambulancia
ασθενοφόρο
silla de ruedas
αναπηρικό καροτσάκι
fractura
κάταγμα

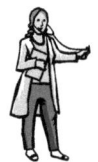

médico

γιατρός

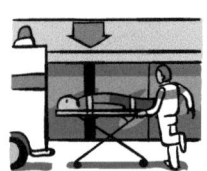

admisión de urgencia

μονάδα εντατικής θεραπείας

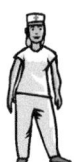

enfermera

νοσοκόμα

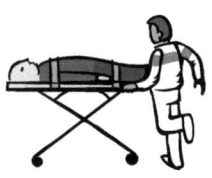

emergencia

έκτακτη ανάγκη

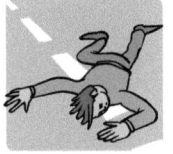

inconsciente

λιπόθυμος

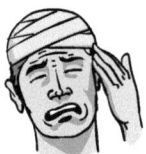

dolor

πόνος

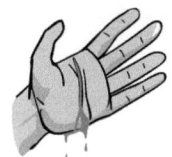

lesión

τραύμα

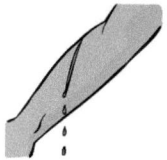

hemorragia

αιμορραγία

infarto de miocardio

έμφραγμα

apoplejía cerebral

εγκεφαλικό

alergia

αλλεργία

tos

βήχας

fiebre

πυρετός

gripe

γρίπη

diarrea

διάρροια

dolor de cabeza

πονοκέφαλος

cáncer

καρκίνος

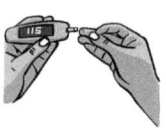

diabetes

διαβήτης

cirujano

χειρουργός

escalpelo

νυστέρι

operación

εγχείρηση

hospital - νοσοκομείο

73

TC

αξονική τομογραφία

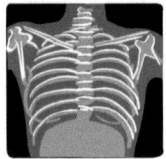

rayos X

ακτινογραφία

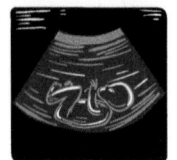

ultrasonido

υπέρηχος

máscara

μάσκα

enfermedad

ασθένεια

sala de espera

αίθουσα αναμονής

muleta

πατερίτσα

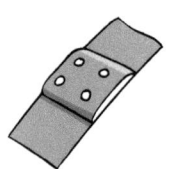

emplasto

χάνσαπλαστ

vendaje

επίδεσμος

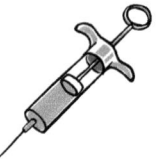

inyección

ένεση

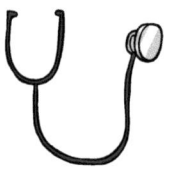

estetoscopio

στηθοσκόπιο

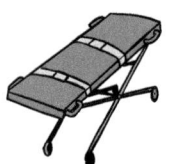

camilla

φορείο

termómetro

θερμόμετρο

nacimiento

γέννηση

sobrepeso

υπέρβαρο

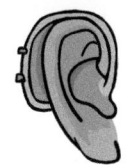

audífono

ακουστικό βαρηκοΐας

desinfectante

αντισηπτικό

infección

λοίμωξη

virus

ιός

VIH / SIDA

HIV/AIDS

medicina

φάρμακο

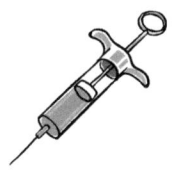

vacunación

εμβολιασμός

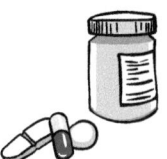

comprimido

δισκία

píldora anticonceptiva

χάπι

llamada de emergencia

κλήση έκτακτης ανάγκης

medidor de presión arterial

πιεσόμετρο αίματος

enfermo / saludable

άρρωστος / υγιής

¡Ayuda!

Βοήθεια!

alarma

συναγερμός

asalto

βιαιοπραγία

ataque

επίθεση

peligro

κίνδυνος

salida de emergencia

έξοδος κινδύνου

¡Fuego!

Φωτιά!

extintor

πυροσβεστήρας

accidente

ατύχημα

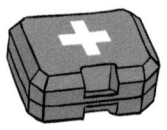

kit de primeros auxilios

κουτί πρώτων βοηθειών

SOS

SOS

Policía

αστυνομία

Europa
Ευρώπη

América del Norte
Βόρεια Αμερική

América del Sur
Νότια Αμερική

África
Αφρική

Asia
Ασία

Australia
Αυστραλία

Atlántico
Ατλαντικός Ωκεανός

Pacífico
Ειρηνικός Ωκεανός

Océano Índico
Ινδικός Ωκεανός

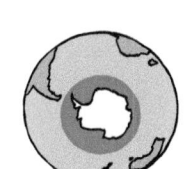

Océano Antártico
Ανταρκτικός Ωκεανός

Océano Ártico
Αρκτικός Ωκεανός

Polo Norte
Βόρειος Πόλος

Polo Sur

Νότιος Πόλος

Antártida

Ανταρκτική

Tierra

Γη

país

γη

mar

θάλασσα

isla

νησί

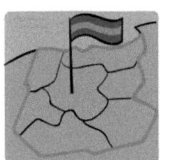

nación

έθνος

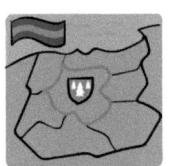

Estado

πολιτεία

cuadrante

καντράν ρολογιού

horario

ωροδείκτης

minutero

λεπτοδείκτης

segundero

δείκτης δευτερολέπτων

¿Qué hora es?

Τι ώρα είναι;

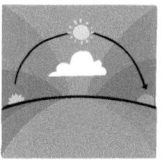

día

ημέρα

tiempo

χρόνος

ahora

τώρα

reloj digital

ψηφιακό ρολόι

minuto

λεπτό

hora

ώρα

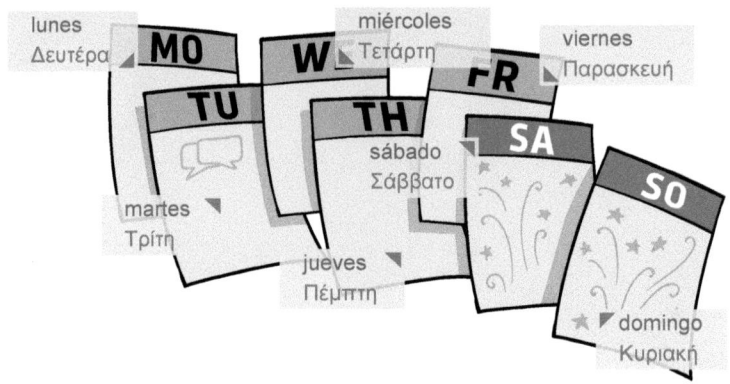

lunes / Δευτέρα
miércoles / Τετάρτη
viernes / Παρασκευή
martes / Τρίτη
sábado / Σάββατο
jueves / Πέμπτη
domingo / Κυριακή

ayer

χθες

hoy

σήμερα

mañana

αύριο

mañana

πρωί

mediodía

μεσημέρι

tarde

βράδυ

MO	TU	WE	TH	FR	SA	SU
1	2	3	4	5	6	7
8	9	10	11	12	13	14
15	16	17	18	19	20	21
22	23	24	25	26	27	28
29	30	31	1	2	3	4

jornada de trabajo

εργάσιμες ημέρες

MO	TU	WE	TH	FR	SA	SU
1	2	3	4	5	6	7
8	9	10	11	12	13	14
15	16	17	18	19	20	21
22	23	24	25	26	27	28
29	30	31	1	2	3	4

fin de semana

Σαββατοκύριακο

año
έτος

lluvia
βροχή
arco iris
ουράνιο τόξο
viento
άνεμος
nieve
χιόνι
primavera
άνοιξη
verano
καλοκαίρι
otoño
φθινόπωρο
invierno
χειμώνας

4.APRIL 11°
5.APRIL 4°
6.APRIL 13°
7.APRIL 8°
8.APRIL 10°

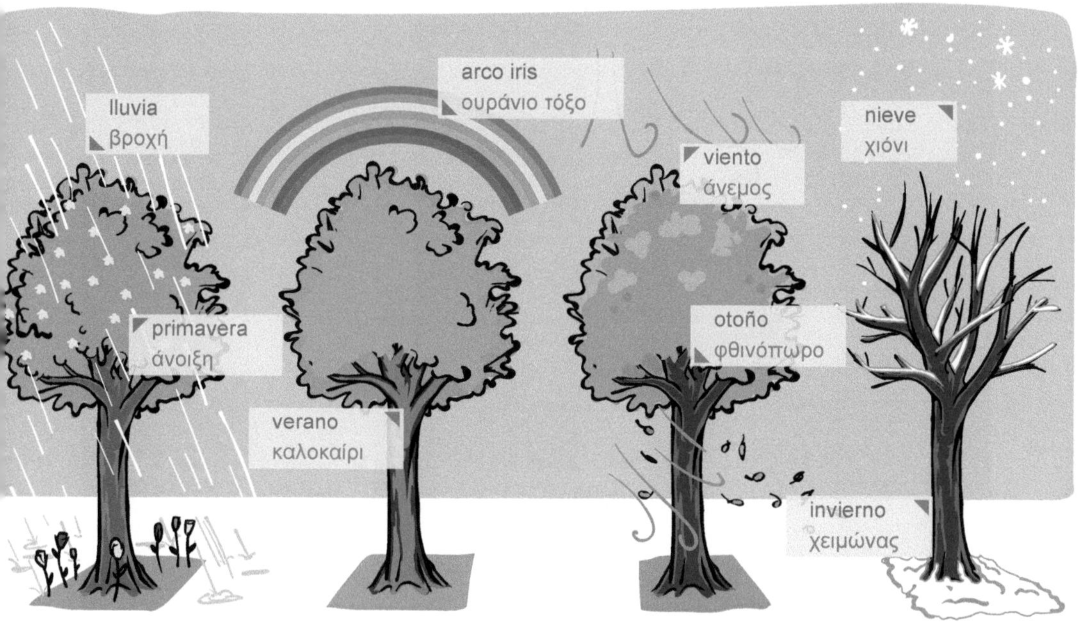

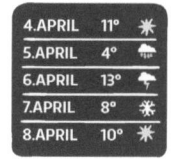

pronóstico meteorológico

πρόγνωση καιρού

F
C
120
90
60
30
0
-30
40
30
20
10
0
-10
-20

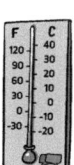

termómetro

θερμόμετρο

luz solar

λιακάδα

nube

σύννεφο

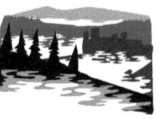

niebla

ομίχλη

humedad ambiente

υγρασία

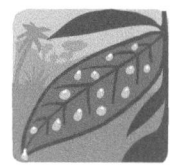

relámpago

αστραπή

trueno

κεραυνός

tormenta

καταιγίδα

granizo

χαλάζι

monzón

μουσώνας

inundación

πλημμύρα

hielo

πάγος

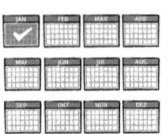

enero

Ιανουάριος

febrero

Φεβρουάριος

marzo

Μάρτιος

abril

Απρίλιος

mayo

Μάιος

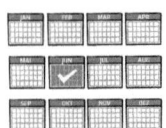

junio

Ιούνιος

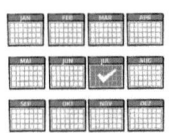

julio

Ιούλιος

agosto

Αύγουστος

año - έτος

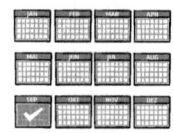

septiembre

Σεπτέμβριος

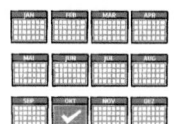

octubre

Οκτώβριος

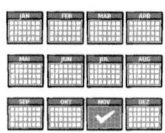

noviembre

Νοέμβριος

diciembre

Δεκέμβριος

formas
σχήματα

círculo

κύκλος

cuadrado

τετράγωνο

rectángulo

ορθογώνιο
παραλληλόγραμμο

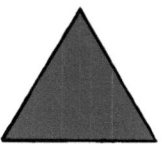

triángulo

τρίγωνο

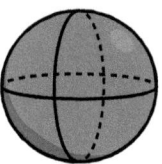

esfera

σφαίρα

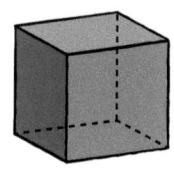

cubo

κύβος

blanco

άσπρο

amarillo

κίτρινο

anaranjado

πορτοκαλί

rosa

ροζ

rojo

κόκκινο

lila

μωβ

azul

μπλε

verde

πράσινο

marrón

καφέ

gris

γκρι

negro

μαύρο

mucho / poco

πολύ / λίγο

enojado / calmado

θυμωμένος / ήρεμος

bonito / feo

όμορφος / άσχημος

comienzo / fin

αρχή / τέλος

grande / pequeño

μεγάλος / μικρός

claro / oscuro

φωτεινός / σκοτεινός

hermano / hermana

αδελφός / αδελφή

limpio / sucio

καθαρός / λερωμένος

completo / incompleto

πλήρης / ατελής

día / noche

ημέρα / νύχτα

muerto / vivo

νεκρός / ζωντανός

ancho / angosto

φαρδύς / στενός

disfrutable / no disfrutable

βρώσιμος / μη βρώσιμος

malo / amigable

κακός / ευγενικός

excitado / aburrido

ενθουσιασμένος / βαριεστημένος

gordo / delgado

παχύς / λεπτός

primero / último

πρώτος / τελευταίος

amigo / enemigo

φίλος / εχθρός

lleno / vacío

γεμάτος / άδειος

duro / suave

σκληρός / μαλακός

pesado / liviano

βαρύς / ελαφρύς

hambre / sed

πείνα / δίψα

enfermo / saludable

άρρωστος / υγιής

ilegal / legal

παράνομος / νόμιμος

inteligente / tonto

έξυπνος / χαζός

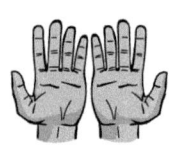

izquierda / derecha

αριστερός / δεξιός

cercano / lejano

κοντινός / μακρινός

nuevo / usado

καινούριος / μεταχειρισμένος

nada / algo

τίποτα / κάτι

viejo / joven

γέρος | νέος

encendido / apagado

αναμμένος / σβηστός

abierto / cerrado

ανοιχτός / κλειστός

bajo / fuerte

χαμηλόφωνος / μεγαλόφωνος

rico / pobre

πλούσιος / φτωχός

correcto / incorrecto

σωστός / λανθασμένος

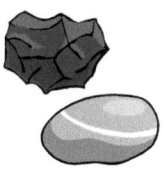

áspero / liso

τραχύς / λείος

triste / alegre

λυπημένος / χαρούμενος

breve / extenso

κοντός / μακρύς

lento / veloz

αργός / γρήγορος

mojado / seco

υγρός / στεγνός

caliente / frío

ζεστός / δροσερός

guerra / paz

πόλεμος / ειρήνη

opuestos - αντίθετα

0

cero

μηδέν

1

uno

ένα

2

dos

δύο

3

tres

τρία

4

cuatro

τέσσερα

5

cinco

πέντε

6

seis

έξι

7

siete

εφτά

8

ocho

οκτώ

9

nueve

εννιά

10

diez

δέκα

11

once

έντεκα

12
doce
δώδεκα

13
trece
δεκατρία

14
catorce
δεκατέσσερα

15
quince
δεκαπέντε

16
dieciséis
δεκαέξι

17
diecisiete
δεκαεφτά

18
dieciocho
δεκαοκτώ

19
diecinueve
δεκαεννέα

20
veinte
είκοσι

100
cien
εκατό

1.000
mil
χίλια

1.000.000
millón
εκατομμύριο

inglés

Αγγλικά

inglés estadounidense

Αμερικάνικα Αγγλικά

chino mandarín

Μανδαρίνικα Κινέζικα

hindi

Χίντι

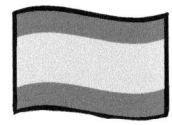

español

Ισπανικά

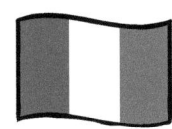

francés

Γαλλικά

árabe

Αραβικά

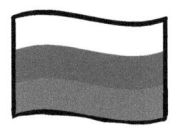

ruso

Ρώσικα

portugués

Πορτογαλικά

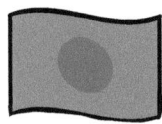

bengalí

Μπενγκάλι

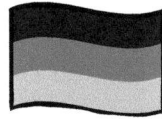

alemán

Γερμανικά

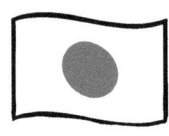

japonés

Ιαπωνικά

yo

εγώ

tú

εσύ

él / ella

αυτός / αυτή / αυτό

nosotros

εμείς

vosotros

εσείς

ellos

αυτοί / αυτές / αυτά

¿quién?

ποιος / ποια / ποιο;

¿qué?

τι;

¿cómo?

πώς;

¿dónde?

πού;

¿cuándo?

πότε;

nombre

όνομα

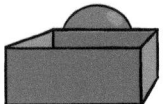

detrás

πίσω

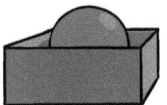

en

μέσα

delante de

μπροστά

encima de

πάνω από

sobre

πάνω

debajo de

κάτω

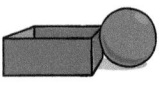

junto a

δίπλα

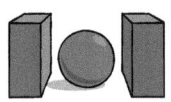

entre

ανάμεσα

lugar

μέρος